21世纪
债务论

［德］丹尼尔·施特尔特 著

胡琨 译

Die Schulden
im 21. Jahrhundert

Was ist drin, was ist dran und was fehlt in Thomas Pikettys
Das Kapital im 21. Jahrhundert

Daniel Stelter

时代出版传媒股份有限公司
北京时代华文书局

图书在版编目（CIP）数据

21 世纪债务论 /（德）施特尔特 (Stelter, D.) 著；胡琨译 .
-- 北京：北京时代华文书局，2015.5
ISBN 978-7-5699-0282-2

Ⅰ. ① 2… Ⅱ. ①施… ②胡… Ⅲ. ①经济学－研究 Ⅳ. ① F0

中国版本图书馆 CIP 数据核字 (2015) 第 125655 号

北京市版权著作权合同登记号 字：01-2015-2309

21 世 纪 债 务 论

著　　者 | [德] 丹尼尔·施特尔特
译　　者 | 胡　琨

出 版 人 | 田海明　朱智润
选题策划 | 胡俊生
责任编辑 | 胡俊生　孙　开
装帧设计 | 观止堂 _ 未氓　赵芝英
责任印制 | 刘　银

出版发行 | 时代出版传媒股份有限公司 http://www.press-mart.com
　　　　　北京时代华文书局 http://www.bjsdsj.com.cn
　　　　　北京市东城区安定门外大街 136 号皇城国际大厦 A 座 8 楼
　　　　　邮编：100011　电话：010 - 64267955　64267677

印　　刷 | 北京鹏润伟业印刷有限公司　010 - 80261198
　　　　　（如发现印装质量问题，请与印刷厂联系调换）

开　　本 | 880×1230mm　1/32
印　　张 | 6
字　　数 | 120 千字
版　　次 | 2015 年 7 月第 1 版　　2016 年 1 月第 2 次印刷
书　　号 | ISBN 978-7-5699-0282-2

定　　价 | 38.00 元

目　录

前　言

2008年以来，西方世界陷入危机，欧洲尤为严重。尽管各国政府与央行使尽浑身解数，但欧元区几乎所有国家的经济产出仍不及2008年的水平。失业率居高不下，复苏遥遥无期。开出的各种救助药方，都没产生官方所宣称的效果。紧缩政策没有实现降低债务的目标，货币政策也未能撬动经济发展。其实这些并不足为奇，如果人们对危机的根源有更清醒认识的话。在这危机之前，是一次史无前例的负债热潮。1980年代以来，政府、家庭与企业的债务成倍增加。而今，站在这种借贷度日的后果面前，我们必须明白，过去的那一套已经不灵了。当负债的潜力与热情不再时，再多的债务与再廉价的资金，也就都不会再起作用。

通过"财富①效应"来刺激消费的经济政策，同样也会大失所望。一方面，虽然世界范围内资产价格上涨，储户实际上一无所获，但并没有出现消费增加的明显迹象。另一方面，鉴于高企失业率下不断攀升的资产价格和通过紧缩政策平衡国家财政的尝试，收入与财富分配问题得到更多关注，只是时间问题。

托马斯·皮凯蒂携他的《21世纪资本论》一书闯进了这个空白地带。该书的法语初版几乎无人问津，但是第一次印刷的45,000本英译版却被一扫而空。各种语言的版本在全世界范围内相继出现，2014年秋，德译本问世。

———————————

① 考虑到中文表达习惯及语境，本书中出现的资产、财产、财富实为同一概念，均译自同一德语单词Vermoegen。虽然这三者有细微的差别，但此种差别并不影响作者的分析论述，因此，在德语原文中，作者统一使用了Vermoegen这一表述 – 译者注。

我阅读了此书，因为我确信皮凯蒂的书将会影响未来若干年的经济政策讨论与实践。然而，我认为皮凯蒂尽管将收入与财富的分配不均视为问题所在，但对其根源的理解却并不全面；同时，对目前危机的原因，即过度负债，更是一无所知。对于我们所身处的危机，同样也无法给出新的解释理论与解决方案。因此，我萌生了写这本小书的念头，确切地说，为了回答以下三个简单的问题：

——这本书讲什么？即对皮凯蒂核心论点的快速概览。

——这本书观点怎样？即对皮凯蒂观点的评价。

——这本书忽略了什么？即被皮凯蒂完全忽视，但是对于理解我们今天的经济形势必不可少的事实与观点。

对最后一个问题的探讨，会越发清晰地表明，皮凯蒂与绝大多数经济学家毫无二致——低估了债务的重要性。当然，只有洞悉负债与偿债动力者，方能理解财富分配与经济危机，并提出解决方案。故将此书命名为《21世纪债务论》。

在此，我要特别要感谢我的太太布隆希尔德·施特尔特（Brunhild Stelter），感谢她一如既往地支持和对这个项目的理解。同时，我还要感谢法兰克福汇书（Frankfurter Allgemeine Buch）出版社的丹雅·赫倩斯（Danja Hetjens），是她带着极大的热情，才让这本书在创纪录的时间内得以面世。

丹尼尔·施特尔特

柏林，2014年7月

译者序

北京时代华文书局的胡俊生编辑联系我，询问我是否有兴趣翻译一本书。翻译工作费时费力，是一件折磨人的事，丝毫给不了译者阅读的乐趣，因此我通常都会委婉地加以拒绝。但是施特尔特博士这本著作的标题却多少令人有些心动，不仅是因为本人身为欧洲经济领域的学术研究人员，对考察欧洲债务危机爆发的根源、特征、相关应对方案以及未来走向兴趣盎然，而这本书显然可以提供富有启发的视角；更是因为皮凯蒂的《21世纪资本论》是2014年中国学术界关注的焦点，正在以各种方式深刻影响着我国相关政策讨论和未来发展走向，在这一背景下，不同的见解弥足珍贵。待看到样书，德语原文不到200页，薄薄一本，并不费事，遂答应下来，便有了呈现在读者面前的这本字里行间处处洋溢着德国学者特有的批判与反思精神的译作。

在皮凯蒂看来，2008年以来西方世界爆发的一连串危机，其根源是资本收益率结构性得高于经济增长率，从而导致收入与财富分化的自我强化与不断加剧，最终造成需求不足而引发危机，并由此入手提出"劫富济贫"以应对危机的政策建议。而施特尔特则认为，皮凯蒂的解释模型存在根本性错误，其对策治标不治本，因为无论是财富爆炸式的增长，还是贫富差距的不断拉大，以及由此引发的一系列后果，不过是债务经济发展模式下的必然结果。在经济全球化背景下，新的经济体（例如东欧与中国）加入竞争，他们具备明显的成本优势，给西方工业国家的就业与工资带来巨大压力，正确的应对之策应是加强教育、创新与投资，但在各种因素影响下，大多数国家或多或少回避了这一挑战，从而次第走上了债务经济的不归之路。这一发展模式在美国表现为房地产繁荣下持续增加的私人债务，而在欧洲，则是不断膨胀的社会国家，不断积累的过度债务，最终导致危机爆发。

在这一视角下，欧元区各国不仅需要通过制度建设完善"最优货币区"各项条件，消除外部冲击所产生的不对称效应，避免内部经济失衡；更须大力进行结构改革，加强整体竞争力，以应对不断变化的外部环境所带来的冲击挑战，从而摆脱对债务经济的依赖，重塑可持续发展的经济。

而债务经济也给我们敲响了警钟，虽然宣扬中国债务风险的论调有些夸大其词，我国宏观经济环境与西方国家相比也大相径庭，相关经验不可随意照搬，但近年来急剧上升的各类债务及其风险不可不察。在"经济新常态"下，这本书如能丁点有助于国内相关学界与决策阶层更全面地探讨经济改革深化之路，译者便欣慰至极。

时间与学养有限，德语原文远比译文精彩。而少数语句，因语言表达方式的不同，译文在结构与措辞上也进行了轻微调整，如有错漏，还请读者海涵指正。

胡琨

北京，2015年6月

第一章

21世纪的资本－资产－债务

In the 21st century the theory of debt

金融与欧元危机爆发之后的第六年，托马斯·皮凯蒂凭其著作《21世纪资本论》重塑了政策讨论的焦点。这本书不是关于如何克服债务危机及从中获得什么教训，而是财富及其分配的变化。人们关注的不再是应该节约和偿债的负债者，而是富裕阶层。至于债务与资产之间的关联有多密切，不予考虑。然而，事实上，这两者的矛盾，却恰恰是我们今后所要应对的。

　　皮凯蒂的成功之处在于，在一个正确的时间点触碰了经济与社会发展的"痛点"：世界上（特别是在美国）越来越令人感觉不公平的财富与收入分配。就如《金融时报》所报道的，这使得他这段时间在美国拥有了可与摇滚歌星媲美的人气。而且他还是一个非美国人：皮凯蒂是一个法国人，执教于巴黎经济学院（Paris School of Economics）。就所使用的数据及分析的质量而言，皮凯蒂的书与卡门·M·莱因哈特（Carmen M. Reinhardt）和肯尼斯·罗格夫（Kenneth Rogoff）的《这次不一样》（This Time is Different）并无二致。在2009年危机处于高潮时，这两位美国经济学家以同样的敏锐，发表了他们关于金融危机的权威著作。

皮凯蒂这本书的标题令人想起卡尔·马克思（Karl Marx）的经典著作《资本论》。虽然皮凯蒂强调他本人不是马克思主义者，但是类似的标题一定不是因为偶然，并且两本书的内容亦有明显的相似之处。在卡尔·马克思的模型里，资本的不断集中导致普遍的贫困化，并最终引发革命；而在皮凯蒂看来，被他所发现并被视为不公平的财富分配问题如果得不到解决，社会和平将受到威胁，动乱就会发生。

马克思认为，资本家们控制生产资料，并借此压榨劳动者创造的

"剩余价值"（Mehrwert），就此而言，皮凯蒂对"资本"的定义更为宽泛。皮凯蒂将资本等同于资产以货币表现出来的所有形式，不管这些资产是否投入生产性活动。事实上他测算的是一国民经济体全部资产的市场价值，以及与其对应的该国民经济体年收入。因此，他这本书是一篇关于实物与金融资产估值变化，以及这些财富在各个时期在不同群体中如何分配的文章。所以，就其分析本身而言，以《21世纪资产论》为标题可能更合适。

如马克思一样，皮凯蒂视对"资本"的支配权为决定性因素。通过将资产与政治权力（直接或间接）相提并论，皮凯蒂将"非政治性"的资产变成了"政治性"的资本。

第一节　我们的经济制度推动财富集中

皮凯蒂费了不少功夫来整理海量的历史数据，以掌握数百年来财富及其分配的变化。他发现，长期来看，一国民经济体的财富总额介于经济年产出的四至七倍之间。这是显而易见的，如同对企业估值一样，一国民经济体的价值相当于其剔除利息成本的未来收益。在收入给定的情况下，低利息（比如目前）会相应推高资产价格，反之亦然。

然而，皮凯蒂分析的重点在于财富分配问题。他的研究表明，数百年来，财富集中总是不断出现，又不断因战争、货币改革和自然灾害而有所缓解。皮凯蒂将之归因于资本回报结构性得高于经济增长。因此，财富的增加必然快于经济产出，而资本所有者的处境也将总有利于仅仅依赖于劳动所得者。这一进程自然不可能永远持续，财富集中会因危机事件而被定期消除。

早在古代，就出现过限制财富集中过程的努力。后来，同样为了减少不公平的分配，又引进了累进制的收入与遗产税政策。

第二节　资产与债务的高度相关性

1970年代以来，政策出现转变。自那以来，各国政府施展浑身解数，维系建立在债务基础上的经济繁荣。在美元与黄金脱钩之后，加上金融市场的自由化，银行不受制约地发放信贷，借助通过这种合法印钱而获取的利润扩张性的经营。直到2007年，随着"忍者"贷款（Ninja-Loans）的出现而达到高峰：没有收入、没有工作、没有资产，但是却具备贷款信用。各中央银行也推波助澜，不断降低利率水平。

从创造新货币中得益最大的群体是最先获得新货币者。银行、对冲基金和私募股权行业赚得盆满钵满。用廉价的信贷替代自有资本可为自身投资活动获得所需的杠杆效应。只要资产的总资本收益高于利息成本，那么成倍地引入债务资本将会显著提高自有资金利润率。如果购买一价值100欧元的资产（例如股票），每年可获得10欧元收益，那么收益率则是10%。如果购买股票的资金有一半能以5%的利息借贷，那么自有资金利润率则会从10%（10/100）上升至15%（7.5/50），因为贷款的成本只有2.5欧元。如果可以5%的利息借贷80欧元，那么自有资金利润率将增至30%（6.0/20）。同样，如果自有资本100欧元，可购买500欧元的资产，那么总收益率还会上扬。这样赚取的就不再是10欧元，而是30欧元（50欧元毛额减去20欧元利息）。

结果就是：对资产物品的需求增加，其价格上升。因此，在财富排行中，来自这些行业（银行、对冲基金和私募股权）的代表占据最富有阶层的比例不同寻常的高，不足为奇。此外，美国和绝大部分欧洲国家的税法对资本收益的征税力度小于劳动收入。甚至连美国亿万富豪沃伦·巴菲特（Warren Buffett）都公开谴责这一点。他的女秘书居然要承受比他本人还高的税负，这行不通。在德国也是一样，资本收益补偿税的税率低于所得税。

这一信贷繁荣只在政治上是合适的。在经济全球化背景下，西方国家中产阶级的收入压力急剧增加。正确的政治对策应该是致力于加强教育、创新和投资，但事实上并没有如此做，取而代之的是通过越来越多的信贷来掩饰停滞的收入。在美国是通过据说永远不会消失的房地产的繁荣，而在欧洲则是通过福利国家来掩饰。

通过更仔细的观察，一个被皮凯蒂忽视的视角浮出水面。在他所强调的资产价格和财富集中度上升的同时，西方国家的负债也出现了史无前例的增长。1980年代以来，政府、家庭和企业的负债相比于国内生产总值翻了一倍有余。因为皮凯蒂只考察了资产净值（即总资产减去负债），所以就忽略了这一重要角度，但如果不考虑债务变化，财富如此的增加是无法想象的。

通过相关的杠杆效应，债务具有双重作用。如果皮凯蒂将债务（例如200）从资产毛值（例如500）中扣除，得出一个净值（在本例中为300），那么他就忽视了这一重要的影响因素：如果没有债务支持的附加需求，资产净值就不会是300，而可能只有200。只有对此具有系统领会者，方能理解过去40年财富的变化，并必定会得出结论：真正的问题是21世纪的债务。

这两个问题，即不可持续的高额债务和过剩的财富及其不公平的分配，与其解决方案息息相关。

第三节 再分配的开路先锋

无疑，皮凯蒂缴纳更高税额的要求完美地迎合了时代诉求，尤其是通过征收全球财产税和一次性资产税来解决欧洲政府债务危机的设想。廉价资金与过度债务引发了危机，政府却希望通过更多的廉价资金与债务来应对，不过只能越来越体认到其尝试的失败。我们越来越接近不得不承认的一点，即相当大一部分债务不再按规定偿还，那么自然就产生了一个问题，即谁来承担这些不可避免的相关损失。从政策角度来看，应该为此付出代价的是财富拥有者。因此，毫不惊讶，无论是官方还是超国家的机构都开始在其研究中寻找资产与债务的相关性：

——国际货币基金组织一个新的研究表明，财富分配平均的国家比财富不平均的国家经济增长率更高。要想更高的增长率，就应致力于更平均的财富分配。[①]

——国际货币基金组织的另一个研究显示，一次性资产税可能是解决欧洲债务问题的正确之道。[②]

——这个方案还得到了著名经济学家卡门·M·莱因哈特和肯尼斯·罗格夫的支持，因为只有这样，欧元区才有可能稳定下来。[③]

——包括德国联邦银行也附和这一观点，建议财产缴税以克服危机，并且首先针对那些陷入危机的欧洲国家。[④]

---

① Jonathan Ostry et al., "Redistribution, Inequality and Growth", IMF Staff Discussion Note, February 2014, 见:http://www.imf.org/external/pubs/ft/sdn/2014/sdn1402.pdf.

② "Fiscal Adjustment in an Uncertain World", IMF Fiscal Monitor, April 2013, 见: http://www.imf.org/external/pubs/ft/fm/2013/01/fmindex.htm.

③ Carmen Reinhart, Kenneth Rogoff, "Financial and Sovereign Debt Crises: Some Lessons Learned and Those Forgotten", IMF Working Paper, Dezember 2013, 见: http://www.imf.org/external/pubs/ft/wp/2013/wp13266.pdf.

④ Monatsbericht 1/66, Deutsche Bundesbank, Januar 2014, 见: http://www.bundesbank.de/Redaktion/DE/Downloads/Veroeffentlichungen/Monatsberichte/2014/2014_01_monatsbericht.pdf?__blob = publicationFile.

连从来都与社会主义针锋相对的《金融时报》(Financial Times)都得出结论，认为基于皮凯蒂和国际货币基金组织的研究，从政策角度考虑财富分配问题是理智的。最终，自由经济的活力与对经济改革广泛的政治接受度结合起来，以获得更高的经济增长率。[①]

如此，路在何方，已然很清楚。鉴于一边是无法解决的过度负债问题，另一边是巨额财富，那么深思熟虑的结果自然是：劫富济贫。皮凯蒂、国际货币基金组织及其他机构为此提供了理论依据。要走到这一步，可能还需要相当长一段时间。首先，游戏的现行政策仍将暂时继续。因为低迷的经济增长率导致债务发展不再可控这一问题越明显，基于债务与资产相互关联的措施出台可能性就更大。

---

① Martin Wolf, A more equal society will not hinder growth, Financial Times, 25.04.2014, 见: http://www.ft.com/intl/cms/s/0/330931dc-c4ca-11e3-8dd4-00144feabdc0.html?siteedition = intl#axzz2zzckJ3Q4.

本书阅读指南

接下来，我将帮助读者熟悉托马斯·皮凯蒂著作的重要内容，并对其进行梳理；但我仅限于其核心观点，同时补充我个人的评估。尤其是债务对于资产和财富集中变化的意义这一被皮凯蒂完全低估的问题，以及因此而产生的政策考量是我分析的侧重点。

在第二章我讨论皮凯蒂实证研究的重要结论：过去数百年的资产与财富分配。哪些数据有多切实和可信？尤其是隐藏在那些变化后面的是什么？

在第三章中，我将考察皮凯蒂研究所基于的理论模型，根据这一模型，他预测财富增加和集中是不可阻挡的。我怀疑这一模型并进行了更多的观察和揭示，对于皮凯蒂的论证来说，哪些前提条件是决定性的。此外，我还探讨，疯狂增长的债务对于皮凯蒂所记录的财富增长之意义。如果没有过去数十年的债务爆炸，就不会有资产价格和财富集中度如此规模的上扬。

第四章关注皮凯蒂的政策建议。他的想法是否合理、有效以及具备实现的可能性？在此之外，我还将提出一个问题，即在接下来的岁月里，皮凯蒂的观点和建议将如何影响西方世界的政策。

总体的评估将呈现在本书的结论中。

在每一章的开头都会罗列核心观点与概念的摘要，以满足急于想了解本书观点的读者。

无论人们是否认同皮凯蒂的观点，他的著作将在今后影响政策讨论，这是毫无疑问的。他不仅仅抓住了时代精神，也为我们当前最大的金融问题（即西方世界的过度负债）提供了一个政治上可接受的答案。

第二章

历史回顾：资产及财富分配

In the 21st century the theory of debt

定义

在《21世纪资本论》中，皮凯蒂将资本等同于资产。在本书中我统一使用资产，因为这个概念与皮凯蒂所处理的数据及其分析中的相关定义内容一致。

国民资产（财产、财富）[1] ＝ 一国居民与政府所拥有的、可交易的所有资产之市值。包括扣除债务之后的实物资产（土地、建筑物、机器与设备、基础设施）、无形资产

---

[1]　即所谓资产净值 – 译者注。

（如专利权等）和金融资产（银行存款、投资基金、债券、股票、人寿保险和养老金等）。除了国内资产，还包括国外净资产，后者为本国国民境外资产与外国国民所拥有的该国境内资产之差值。

国民收入＝劳动收入（工资、薪水和奖金）和资产性收入（租金、股息、利息、利润和收费），等同于国内生产总值减去资本存量折旧。与资产一样，境外净收入也应计入。

财富收入比＝扣除债务的国民（政府与私人）资产总值与年国民收入之比。如国民资产为600，而年收入为100，则该值为6或600%。

核心观点

在皮凯蒂所考察的国家中，从1700年至2010年间，财富收入比在2.5至7之间波动。目前该值介于5到6之间。

财富分配不均衡。同时，财富收入比越高，财富集中于少数人手中的比例就越大。最极端的情况是，10%的最富有者拥有90%的财富。目前，10%的最富有者拥有约70%的财富（美国，英国）。资产及财富集中度的下降只有通过自然灾害、战争及对超高收入、资本利得及资产的大力征税（财产税和遗产税）才有可能实现。

评估

皮凯蒂研究工作的贡献无疑是对资产、财富分配和国民收入历史数据的整理。尽管有人批评数据的质量，并且质疑他提出的关于1970年代以来美国和英国财富集中加剧的观点，但这些数据对于经济史和经济政策讨论做出了有意义的贡献，这一点是无可争议的。

第一节　历史分析总结

托马斯·皮凯蒂与同事一起，数十年如一日埋头于历史资料和数据的掌握，以求理清三百多年中收入、资产和财富集中的变化。从中得出的数据在世界上独一无二，因为这些数据对于经济政策讨论和研究来说就极其有价值。

皮凯蒂将一国资产（扣除债务的私人与公共资产加上境外净资产，简称为国民资产）与由劳动和资本收益构成的年国民收入（等于扣除资产存量损耗折旧的国内生产总值加境外净收入）进行比较。国民资产与年收入之比即为财富收入比。这一视角给人启发。最终，所有财富被赋予一个价值，因此其可产生相应的收益。此外，他的研究还聚焦于财富分配。

1700-2010年间英国与法国的财富增长和分配[①]

在英国和法国，皮凯蒂可以研究的历史时间跨度最大。毕竟从1700年开始，关于农田、住宅及其他资产（尤其是国债）价值的数据都可以找到。此外，以下这些也可以确定（所有数据归整）[②]：

——财富收入比在2.5至7之间波动。

——财富收入比在1700年至1910年间相当稳定，仅仅是资产组成结构在不断变化。1700年，农田资产明显为财富的主要组成部分，这类资产在英国和法国分别为当年收入的4倍与4.8倍。而200年之后，这一比值在英国降至50%以下，而在法国也只有1.5。与此同时，其余资产和境外资产的价值不断上升。

---

① Thomas Piketty, Capital in the Twenty-First Century, Cambridge, 2014, 第113页续，所有在本书中摘录的皮凯蒂著作原文都由作者本人译自该书英文版。

② Piketty, 第113页续。

——1910年后，出现了一波巨大的财富消亡。1950年，英国和法国的财富分别仅为年国民收入的2.5倍与2.8倍。

——这波衰退之后，资产价值开始回升，而今，财富收入比在英国和法国分别为5倍与6倍。

——而今，房地产是占绝对份额的资产。此外就是其他国内资产。而农田和境外资产已不再具有重要意义。

——皮凯蒂估算，英国和法国政府的净资产（公共资产减去公共负债）分别为国民收入的0倍与30%。这种差别的原因在于，法国政府没有像英国政府那样进行私有化。

显然，这些发展反映了20世纪的经济结构变化和政治动荡。在18世纪及19世纪早期，欧洲是个农业社会，财富主要用于产生可靠的、近似租金的收入：主要是土地和国债。这两种资产的利息收益每年在4%～5%之间，这也是皮凯蒂基于当代学者如奥诺雷·德·巴尔扎克（Honoré de Balzac）和简·奥斯汀（Jane Austen）之研究而得出的数据。经济在这期间几乎不增长（这是因为几乎没有任何生产力进步），归根到底只与人口增长密切相关。

收入税率介于5%～10%之间，且为比例税率，也就是说，不是我们今天所看到的累进税率。同时，财富集中于少数人手中。皮凯蒂估算，人群中最富有的10%占据所有财富中的90%；而最富有的1%则握有至少50%的财产。在这种情况下，劳动所得无法与有财产者的资产收益相提并论，财富分配因此而固化。此外，财富又可以通过遗产的方式给予下一代。

19世纪的转变源于工业革命。经济发展以及国民收入增长更快，而农田占总国民经济总资产的比例收缩。投资新工业更有吸引力，因为借此可以获得更高的资本收益。影响财富结构的第二个重要因素是欧洲殖民强权的帝国主义，这使得境外资产首次具有了重要意义。

财产的形式有了根本性的变化，但财富收入比实际上却保持不变，仍为7。财富的分配也同样继续保持稳定。如果要说有变化的话，那就是财富集中度有了微小的增加。

毫不奇怪，两次世界大战和1930年代的大萧条，导致财富值严重的缩水。战争行为导致资产明显的物理破坏使得财富减少，皮凯蒂估计，法国和英国的直接战争损失分别为年国民收入的一倍与约10%。

然而，更多的一部分财富则被间接毁灭。两次战争的开支让各国政府对其国民深度负债。这首先改变了来源于境外资产的国民资产与国债中其他资产物的比例关系。战争结束后，债务水平如此之高，以至于各国政府争相通过高通胀与高税收的政策组合来减免债务。这两个措施的效果是一样的，即财富增长停滞。此外，这也产生了其他的剧烈后果，比如租金限制。在高通胀时期，这一政策组合将房地产价值压在了历史低点。这是一个三重效应：资产被课以重税、收益微薄，同时需求降低，因为潜在的买家要承受同样的负担，收益可能性也受限。

大萧条加剧了"一战"的破坏。一方面股市的崩溃和银行及企业的破产潮导致了财富的直接消亡；另一方面是各国增幅为应对危机继续增税，并加大对经济的干预度。更广泛的管制对私人投资收益产生了负面影响。

在1950年代，不仅财富收入比增长明显停滞（约250%），而且财富分配的集中度也有所降低。最富有的10%与1%人群损失巨大：最富有的10%占据国民财富的比例从90%降至60%～70%，而最富有的1%则从60%减少到20%～30%。与此相关，中产阶层的财富有所增长。与战前不同，通过劳动获取比纯粹资产收益相对更多的收入，并通过劳动收入积累财富，多少有了可能。这一现象，以及原始富裕阶层不断减少的资产和遗产被皮凯蒂视为财富获取的民主化。战后经济的高速增长、同时出现收入与财产的累进税制，以及社会国家框架下不断加强的再分配，也使得这一"更平等"的财富分配得以持续。

皮凯蒂的分析表明，直到随着1980年代经济改革的出现，财富集中度才又开始增强。作为对经济停滞的回应，市场自由化、国有企业私有化和减税出现，其目的是通过供给导向的政策推动经济发展。这一政策的先锋是英国的玛格丽特·撒切尔（Margaret Thatcher）和美国的罗纳德·里根（Ronald Reagan）。如此就导致日益严重的工资分化。广大中产阶层的薪水停止增长甚至减少，而高薪者的收入明显增加。

结果就是财富收入比和财富集中度的提高。在英国，最富有的10%占据的财富占所有财富的比例从60%上升至70%，而最富有的1%则从20%提高至30%。而在进行较少改革的法国，这一增长趋势并没有如此明显。

1870—2010年间德国财富增长和分配[①]

德国的数据则没有英国和法国的数据那样清晰直观。一方面是因为德国迟至1870年方统一，另一方面则是源于两次大战导致的领土丧失。尽管如此，皮凯蒂仍得出以下结论（图1所示）：

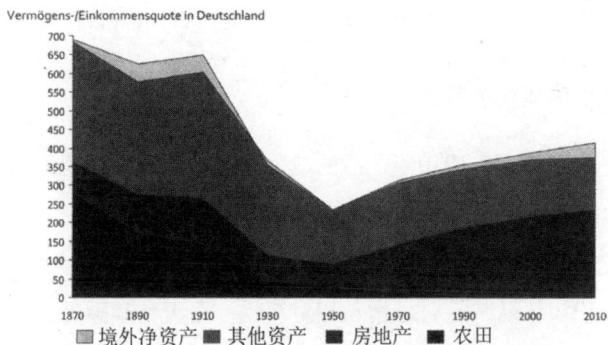

Vermögens-/Einkommensquote in Deutschland

境外净资产　■其他资产　■房地产　■农田

来源：Thomas Piketty, Capital in the 21st Century

图1　1870—2010年间德国财富收入比

---

① Piketty, 第140页续。

——财产和财产结构的发展与英法相对接近。

——1870年至1910年间，国民资产的价值约为年国民收入的650%。

——早在1870年，农田以外的其他资产就在国民资产中占主要地位，为年收入的300%，农田占280%，房地产占100%，而境外资产则远不如在英法那样重要。

——毫不惊讶，1910年之后的战争和经济危机导致德国出现了总财富的大幅缩减，只有年国民收入的250%。

——1950年以来的财富增长相对缓慢。今天，其国民资产（国民收入的400%）远低于英法的水平。

——房地产在财产中比例较低这一现象也是显著的，只比国民收入的200%多一些，而英国是300%，法国是400%。皮凯蒂猜测这源于德国的房地产被低估，但是并没有给出相应理由。当然，也可能是因为法国和英国的房地产被高估。在皮凯蒂看来，德国企业股市估值不高也是财富较少的原因之一。如果用账面价值替代市值进行统计，那么根据皮凯蒂的估算，德国财富总值就可以与英法相提并论了。

——德国境外资产为国民收入的50%，明显高于英法，这是德国近年来顺差的反映。

——根据皮凯蒂的估算，德国政府的净资产目前为零。政府拥有资产最多的时期为战后初期，为国民收入的100%，这一变化表明，这些年来，政府是如何通过出售资产和负债来维持运作的。

这些数据自然是德国经济与政治发展的表面症状。直至第一次世界大战之前，工业资产比例高和境外资产占比小是德国国民资产的主要特征。皮凯蒂估计，两次世界大战和世界经济危机的直接损失为年国民收入的1.5倍，而间接损失（恶性通胀、征税与管制）则更为可观，这些因素导致了德国国民资产的全面消亡。得益于持续的贸易顺差，境外资产增长显著。此外还可注意到，贸易顺差总额明显高于境外资产，这表明，境外投资的状况并不理想。

1770-2010年间美国的财富增长和分配[①]

前往美洲（稍后是美国）的绝大多数移民身无长物。对于他们大部分人来说，这可以是移民和去新世界撞运气的理由。同时，那里有广袤无垠的土地。而大量的土地供应意味着较低价格。

——因此，美国财富明显少于欧洲国家。国民资产从一开始大约3倍于国民收入，增长为1910年的500%。这一令人印象深刻的增长，反映出美国的繁荣，但却始终明显低于英国、法国和德国的水平。

——在一个小专题中，皮凯蒂特意计算了作为免费劳动力的奴隶资产价值。根据他的估算，1770年这一资产为国民收入的150%，并集中在南方的联邦州。

——第一次世界大战也减少了美国的国民财富，但是强度远小于

---

① Piketty，第150页续。

欧洲国家。1930年，美国国民财富收入比达到了空前绝后的500%，而目前该值约为450%。

——主要的财富形式是其他财富，尤其是工业资本和逐渐增加的政府负债。2003年至2008年的房地产繁荣在数据中几乎体现不出来。房地产在国民资产中的比例约为200%，与德国水平大致相当。

——在相当长一段时间，美国的财富分配比欧洲平均。1810年，最富有的10%拥有不到60%的资产（欧洲超过80%）；而处于金字塔尖上的1%则支配35%的财富（欧洲超过50%）。至1910年，财富的集中度不断增加。两次世界大战、大萧条和冷战政策明显降低了财富集中度，但从1970年开始，财富集中度又有轻微上升，并逐渐开始高于欧洲水平。目前，在美国，最富有的10%与1%阶层，占有的财富分别为70%和约35%，而与此相对的是，在欧洲，这两个数值分别为不到65%和约25%。

美国的形势变化与欧洲类似。如果不考虑奴隶资产，财富与财富集中度从一个较低的水平明显上升。而股票市场崩盘、大萧条及随后的管制与调控导致财富缩水，直到1950年，随后而至的战后繁荣使得财富再次增长。财富分配长期处于一个平均稳定的水平，直至1970年财富集中度再次上升。贫富差距拉大的原因，在皮凯蒂看来，除了里根政府的改革措施及减税之外，还有对普罗教育的忽视。被广泛讨论的、不断加剧的国际竞争也同样导致了收入的分化。

1970年以来工业国家的财富收入比①

皮凯蒂谈到1970年以来工业国家的财富回归（comeback）。在对8个主要工业国家（美国、日本、德国、法国、英国、意大利、加拿大和澳大利亚）的考察中，他得出以下结论（图2所示）：

---

① Piketty, 第170页续。

私人财富收入比（%）

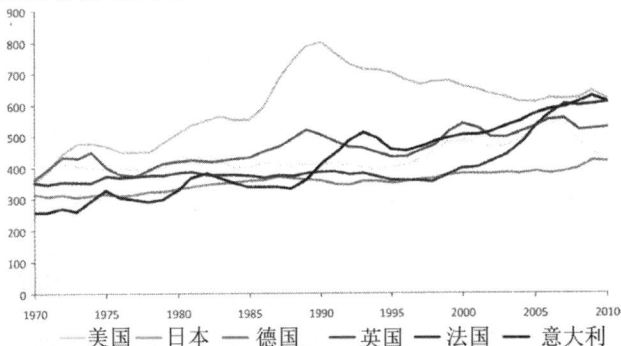

来源：Thomas Piketty, Capital in the 21st Century

图2　1970-2010年的私人财富收入比

——在所有国家，私人财富（即不包含公共财富）与年国民收入的比值从1970年的200%与350%之间，上升至400%（德国、美国与加拿大）与约700%（意大利，随后是日本600%）之间。公共资产占总资产的比例明显减少。

——股票与房地产市场泡沫也在具体年份得到体现。1990年日本投机狂潮最高点时，财富收入比增至700%。而2000年的互联网泡沫则首先反映在美国和英国的数据之中。皮凯蒂指出，2008年西班牙房地产泡沫高峰时，财富收入比甚至超过了日本的纪录，达到800%，而2010年以来，这一比值迅速降低。不考虑这一短暂出现的极端情况，皮凯蒂认为存在一个持续的向上趋势，即财富增加连续快于国民收入增长。

——在资产净值变迁的背后是资产总值，尤其是金融资产令人印象深刻的变化。这得益于金融市场的自由化与全球化，金融资产及负债规模飙升。1970年代，金融资产总值为大多数国家年国民收入的4倍至5倍，这一指标随后逐渐增长至10倍至15倍（美国、日本、德国和法国），在英国则是达到历史性的最高点：20倍[1]。显而易见，金融行业迅猛的扩张是金融危机爆发的根源。从2008年以来，我们至今都在与这一危机所导致的后果进行斗争，尽管皮凯蒂并不这样认为。

——在资产膨胀的同时，资本所得占国民收入的比例也在上升：这一指标从1970年代的约20%～25%，上升至2010年的25%～32%。

---

[1]　Piketty，第194页。

——皮凯蒂视高储蓄率、原国有企业和政府职能的大规模私有化（因此带来国民资产从公共部门向私人部门转移）、收入与财产税的降低、及金融资产价格的"正常化"为财富持续增加的主要原因。一些资产（主要是房地产与股票）的价格长期被低估之后，再次达到一个较高的估值水平。

——皮凯蒂还发现同一时期（即1970年以来）的收入发生了明显的分化。在一些国家（尤其是美国），广大中产阶层的收入停滞或者说实际上甚至有所减少，而收入最高阶层的所得却超幅增加。在2007年金融危机爆发之前的三十年中，收入最高的1%获取了美国新增国民收入的60%。2007年以来，这一趋势并未改变。

在这里，需要说明的是，在1980年以来的市场全球化背景下，广大民众收入停滞的原因极易理解。中国和其他门槛国家①涉入世界市

---

① 泛指介于发达国家和发展中国家之间的国家—译者注。

场越深，工业国家的雇员就越难保住其饭碗和维持相应的工资水平。在美国劳动所得占国内生产总值的比例与其对中国的贸易赤字之间，存在着惊人的相关性。

——当然，这一显著的收入分化不仅仅出现在美国。其他工业国家亦如此，只是程度不一。1950至1970年间，收入最高10%者所得占国民收入的比例为30%～35%，至2010年则分别为28%（瑞典）、36%（德国）、超过40%（英国）和约48%（美国）。类似的指标值，最后一次曾经出现在"二战"爆发之前，不过美国当时的收入分化度低于欧洲。

不断加剧的收入分化和伴随着财富集中而出现的财富增长是皮凯蒂政策考量的基础，而这些政策中最主要的是对大宗资产征税。我将在第四章讨论这一问题。在这之前，我仍继续深入探讨皮凯蒂的理论，以及（被他所忽视的）导致上述变化出现的其他原因。而被皮凯蒂完全忽视的政府与私人债务对资产变化的影响，将会被表明是主要的资本缺陷（第三章）。

第二节　皮凯蒂的数据怎样？

数据正确吗？

毫无疑问，皮凯蒂文章中的数据来自于对资产、财富分配和国民收入历史数据的分析。哪怕由此所导出的理论无法成立，这些数据及其对政策讨论的影响在一些关注者，例如美国前财长、哈佛大学教授劳伦斯·萨默斯（Lawrence Summers）看来，都是"具有诺贝尔奖价值的贡献"。[①]

即使是皮凯蒂的批评者，对此书入手的这一视角，也是不吝赞誉

[①] Lawrence H. Summers, "The Inequality Puzzle", Democracy Journal, Summer 2014, 见：http://www.democracyjournal.org/33/the-inequality-puzzle.php?page = all.

的。但是，数据的质量却令人质疑。《金融时报》（Financial Times）考察了皮凯蒂的原始数据（该数据在网上对所有人公开），发现的问题有数据录入错误、数据错误和数据来源缺失。皮凯蒂在收入不平等的计算、价值（概念）的定义以及资料来源列举等方面犯了相当多的错误。除此之外，一些数据则完全是捏造的。[①]

尤为重要的是，《金融时报》发现，1980年以来美国与英国收入分化和财富集中度加剧的数据可疑，这恰恰是皮凯蒂所讨论的核心问题所在。而其他来源的数据则并没有体现出这一变化。事实上，OECD（经济合作发展组织，Organization For Economic Cooperation and Development）的数据所表现的完全是另一幅图景。虽然美国的收入有轻微的分化，但这却是扣除（或获取）税及社会福利之前的数

---

① "Piketty findings undercut by errors", Financial Times, 23.05.2014，见：http://www.ft.com/intl/cms/s/2/e1f343ca-e281-11e3-89fd-00144feabdc0.html#axzz32Tbqv13O.

据。就可支配收入（扣除税或者获取转移支付后的收入）而言，美国的收入分配水平与1980年代大致相当。[1]皮凯蒂的观点却并非如此，他认为，收入最高阶层的所得并未充分体现于正常的统计之中，并以此作为其假设的理由（这一关于收入统计存在问题的观点毫无根据）。事实上，欧洲中央银行（EZB）一个新的研究表明，富裕阶层的财富[2]通常无法在统计数据中得到足够体现。因此，一些国家实际的财富集中度远远高于迄今公布的数值。总体估计，占世界人口1%的最富有者占有全部财富的35%～37%。[3]

---

[1] Krise steigert Ungleichheit und Armutsrisiko in OECD Laendern, OECD, May 2013，见: http://www.oecd.org/berlin/presse/einkommen-verteilung-ungleichheit.htm.

[2] 作者想表达的是，这个研究的对象是财富，而不是收入，因此这个研究与皮凯蒂的问题无关，并不能支持皮凯蒂关于收入统计存在问题的观点 – 译者注。

[3] Philip Vermeulen: How fat is the top tail of the wealth distribution, ECB Working Paper Series, July 2014，见: http://www.ecb.europa.eu/pub/pdf/scpwps/ecbwp1692.pdf.

情绪化的讨论

皮凯蒂自己对《金融时报》的批评进行了果断的反驳，称报纸的观点"可笑"。在接受英国《卫报》(The Guardian) 采访时他表示，除了《金融时报》，"所有同时代的人都承认，最富有者的资产增长最快"。[①]虽然部分可用的数据"不完美"，但其关于不平等加剧的核心观点仍无可争辩。

不出意料，这一表态引发了一番多少有些极度情绪化的剧烈争论。诺贝尔经济学奖得主保罗·克鲁格曼 (Paul Krugmann) 声援他的这位同行，他在其博客中写道："任何相信收入不平等加剧这一观

---

① Thomas Piketty accuses Financial Times of dishonest criticism, The Guardian, 26. May 2014，见:http://www.theguardian.com/business/2014/May/26/thomas-piketty-financial-timesdishonest-criticism-economics-book-inequality.

点可被驳倒的人，一定会失望。"①

这或多或少表明，尽管存在数据问题，但皮凯蒂的基本观点，即在财富收入比缓慢增长的同时，财富集中度存在加剧的趋势，是被视为正确的。而全球主要央行及国际货币基金组织同样将财富集中视为问题②，也从侧面印证了皮凯蒂的观点。对于这些机构的领导层来说，作出这一结论的动机则完全不同，这是广为人知的。他们认为，只有对资产征税，才有可能克服债务危机。

---

① Is Piketty all Wrong?, New York Times, 24. May 2014，见:http://krugman. blogs.nytimes.com/2014/05/24/is-piketty-all-wrong/?_php = true&_type = blogs&_ r = 0.

② FT journalist accused of serious errors in Thomas Piketty takedown, The Guardian, 29.05.2014，见: http://www.theguardian.com/business/economics-blog/2014/May/29/ft-journalisterrors-thomas-piketty-takedown; und ?Piketty, Chris Giles and wealth inequality: it' s all about the discontinuities, The Guardian,30.05.2014 und unter: http://www.theguardian.com/news/datablog/2014/May/29/piketty-chris-giles-and-wealth-inequalityits-all-about-the-discontinuities.

通过对所收集数据的评估，皮凯蒂对过去的经济过程进行了描述。为对其进行解释，并使之作为未来财富变化预测的基础，皮凯蒂设计了一个财富收入比与财富分配模型。我们将在下一章详细考察这一模型。

第三章

皮凯蒂的世界公式：为何财富比收入增长更快？

定义

经济增长（g）= 根据国内生产总值计算的年国民收入增长；由人口增长或者人均国民收入变化（取决于资本配置、教育和技术进步）所推动。

储蓄率（s）= 一国总储蓄，被定义为私人家庭与企业储蓄总额减去资本存量折旧。只有扣除折旧部分的剩余储蓄方能导致财富的进一步增加。

资本收益率（r）= 资产每年创造的利润。皮凯蒂认为，根据资产种类的不同，收益率介于1%～8%之间，实际收益率税前平均为4%～5%。亦即：资本所得占国民收入的比例等于资本收入比乘以资本利率。当资本收入比为600%，资本利率为5%时，资本所得占国民收入的比例则为30%。

核心观点

储蓄率结构性得高于经济增长率（s>g），因此，长期来看，资产相对于收入增长较快。而资本收益率也总是位于经济增长率之上（r>g）。因此，在一个资本主义体系中，财富收入比总是持续增长。基于这个模型，皮凯蒂判断，至21世纪末，财富收入比将回归至之前700%的最高水平。因为较富有者有能力进行风险更大但因此收益更高的投资，并且也拥有更多的信息，因此长期来看，财富集中会加剧。皮凯蒂认为当前这一趋势也会继续，但是，他并不认为财富会像欧洲在第一次世界大战之前那样集中。

评估

关于资本利率（收益率）高于经济增长率的认识并不新鲜。卡尔·马克思早就讨论过这点，皮凯蒂一书标题正与此有关。同时，就这一观点及相关结论，在经济学界长期存在争议。传说中资产性收入必然的上升并不是必然的，因为有许多因素也会对其产生影响。因此，皮凯蒂的解释模型并不具备如同其处理历史数据的辛勤劳动一般的说服力。

可以理解的是，皮凯蒂关于财富与收入集中度加剧根源的考虑，除他所提及的社会后果之外，财富与收入分配的不平均也会对经济增长产生直接的负面影响，具体来说就是源于需求的减少。同财富与收入集中度加剧并行出现的私人与政府债务激增问题，在皮凯蒂的分析中始终是一片空白，这一重要视角也因此被忽视。

第一节　皮凯蒂财富收入比与财富集中度加剧模型之总结

皮凯蒂尝试回答以下四个问题：

——为何在所考察的国家中，近年来财富收入比再次上升？

——这一趋势将如何变化？

——财富是如何分配的？

——何为财富集中不断加剧的根源？

未来几年较低的经济增长

皮凯蒂首先研究国民收入的增长。其主要受两个因素的驱动：人口数量和人均劳动生产率。在1700年之前，世界经济年均增长率为0.1%，这可完全归因于世界人口每年0.1%的增长。在1700年至1820

年间，他观察到人口更快的增长（年均0.4%）和人均经济产出的首次提升（年均劳动生产率增长0.1%），因此导致经济增长到达年均0.5%。

随着向资本主义经济形态的过渡和工业革命技术进步步伐的加快，进而导致经济增长加速。1820年至1913年，人均国内生产总值每年增长0.9%，而1913年以后，则达到1.6%。再加上人口的持续增加，经济增长率保持在年均1.5%～3%之间。而"二战"之后所观察到的更高的经济增长率，则明显是例外。这种情况或者发生在战争或者自然灾害所导致的巨大破坏之后，或者是发生在一国暂时的赶超进程中，中国就是最近的一个例子。

而今，我们处于一个人口结构深刻变革的前夜。世界人口增长逐渐趋缓，在欧洲甚至出现了每年0.1%的人口减少。这将部分导致经济名义增长率更低，不仅限于欧洲，还有比如日本，该国名义国内生产总值已长期停滞。这一现象的根源在于人口的减少抵消了人均收入的增长。对于德国和欧洲的广大地区来说，这一天，并不遥远。

皮凯蒂断定，这一趋势在将来会持续。根本性的技术进步目前还不可期，也就不可能出现超乎寻常的人均收入增长。因此，他为工业国家设定人均1.2%的增长率，并强调，他对此保持乐观。其他关注者，例如西北大学（Northwesten University）的经济学家罗伯特·J·戈登（Robert J. Gordon）再次表示强烈的怀疑。[①]

储蓄率与资本收益率高于增长率

皮凯蒂将储蓄率（s）与经济增长率进行比较。他断定，储蓄率结构性得高于经济增长率（g）。不考虑其他因素，资产性收入将会不断上扬：在整个国民经济净储蓄率（即扣除折旧）为12%（工业国家

---

① Robert Gordon, "Is US Economic Growth Over?", Center for Economic Policy Research, September 2012，见: http://www.cepr.org/sites/default/files/policy_insights/PolicyInsight63.pdf.

·52·

完全可以达到这个数值）和经济年均增长率为2%的情况下，长期财富收入比将为600%（s/g，即12/2）。

此外，储蓄的来源也扮演一定的角色。因此，皮凯蒂还额外分析了资本收益率（r）。资本利润会比劳动收入产生更多的额外储蓄，这一假设是完全现实的。如之前所述，财富可投资于形形色色的资产，并产生不同的收益。银行存款只带来很少收益，很多时候甚至实际为负的收益，而房地产每年的收益为3%～4%，风险更高的投资如投资企业则每年会有7%～8%的收益。

为计算平均资本收益率，皮凯蒂采用了间接的方法。2010年，工业国家的资本所得约为国民收入的30%，而根据之前的计算，国民资产约为国民收入的600%。如此得出税前资本平均收益率为5%（30/600）。结合历史数据，皮凯蒂断定，资本收益率相对稳定在4%～5%之间，在较长的时期内都不会降低到低于2%～3%的水平。而房地产作为国民资产的重要组成部分，因其具有相对稳定的收益，发挥着稳定器的作用。

在这一数学效应之外，皮凯蒂认为资本结构性得较高收益率的根源还在于借贷双方不同的利益诉求。借方愿意为当下支配特定的资源而支付一定的费用，而资产所有者为获取将来的收益而放弃当下消费。在所有的借贷关系中，双方的动机基本如此，而借贷双方的地位也完全平等。

不等式r＞g导致高财富收入比

我们因此而接近皮凯蒂关于财富增长的模型。国民经济以1%～2%的速度持续增长（g），低于高达4%～5%的资本收益率（r）这一事实，皮凯蒂得出根本性失衡存在的结论，即根本性的失衡r＞g。此外，皮凯蒂强调，这一失衡并不是"市场失灵"的结果。恰恰相反，资本市场越有效，资本收益率越高。

长远来看，这一失衡导致财富收入比的上升。但这一进程自然不可能永远持续，因为资本投入的边际效应递减。最终会导致资本供给的过剩，有吸引力的投资可能性不再存在。结果就是资本收益率下降只一个新的、较低的水平。然而，皮凯蒂认为这个过程将会非常缓慢。

鉴于今后数十年世界经济年均增长率约1.5%的预期（工业国家为1.2%）、目前的资本收益率和10%的储蓄率，皮凯蒂预测，至21世纪末，世界范围内的财富收入比将达700%。从全球来看，这与19世纪末的欧洲类似，当时财富收入比也达到600%～700%。

高财富收入比并不一定是问题。人们可以反证，相对来说，19世纪末的欧洲情况并不糟糕。

同时加剧的财富集中度

皮凯蒂表示，不仅仅是资产在膨胀，而且财产在民众中分配的不平均也在加剧："目前，即2010年代的头几年，在欧洲大多数国家，最富有的10%占据约60%的国民财富，尤其是在法国、德国、英国和意大利。最引人注目的事实是，在这些国家，一半的民众几乎一无所有：最贫穷的50%拥有的国民资产不到10%，普遍来说甚至不到5%。根据最新公布的数据（2010年至2011年），在法国，最富有的10%阶层，其财富占全部国民资产的比例超过62%，而最贫穷的10%阶层只有4%。而在美国，美联储最新的问卷调查显示，在同一年，最富有的10%阶层占据美国财富的72%，而最贫穷的一半国民能支配的财产仅仅只有2%。而且，还应注意到，这些数据和大多数调研结构一样，来源于受访者对自我财产状况的评估，最富有者的财富在此会被低估。"[①]

这一现象的根源是多种多样的。一方面是因为收入分配的不平均，导致收入最低的50%人群无法通过储蓄积累资本。另一方面，在

----

① Piketty，第257页续，作者译。

高收入者群体内部收入也出现了明显的分化和集中：在一些劳动所得分配最平均的国家，例如1970年至1990年斯堪的纳维亚半岛的国家，收入最高的10%群体获得总收入的约20%，而总收入的约35%则归收入最低的50%所有。而在处于收入不平等状况平均水平的国家（大多数欧洲国家属于这一类，例如法国和德国），前者所得为总收入的25%～30%，而后者则得到30%。在收入不平等状况最严重的国家，如2010年代初期的美国，收入最高的10%得到35%的总收入，而收入最低的一半人口只能获得25%。[1]

在美国收入分配剧烈变动的背后，是1980年代以来改弦易辙的政策，这一政策导致对资本所得和高收入者更少的征税。此外还有上市公司新的薪酬模式，这一模式不仅导致收入显著提高，并且员工的工

---

[1] Piketty, 第253页。

资水平与整体环境脱钩，而这更多取决于股票市场的变化。[①]另外一些观察者则视金融行业不断上升的薪酬为收入分化的始作俑者。事实上，一些研究表明，与其他行业的雇员相比，银行业从业人员的薪酬自1990年代以来，增长迅猛。[②]

重要的是，人们首先得拥有资产，才有可能获取资本利润。另外，更多的资产产生更高的利润，并在消费额给定的情况下，积累更多的资产。在经济增长为1%和资本收益率为5%的情况下，只要拿出资本所得的五分之一，资产就可以与国民收入增长相同的速度增长。如果加大储蓄力度，那么财富增长就将更快。此外，拥有更

---

① James K. Galbraith, "Kapital for the Twenty-First-Century?", Dissent, Spring 2014，见: http://www.dissentmagazine.org/article/kapital-for-the-twenty-first-century.

② T. Philippon, A. Reshef, "Wages and Human Capital in the U.S.Financial Industry: 1909–2006", NBER Working Paper 14644,见: http://www.nber.org/papers/w14644.

多财富者与财富较少者相比，其资本收益率也更高；因为更富有者有更多的投资形式，在当今的世界而在全球范围内投资，承受更高的风险。而理财和避税专家的服务，也可为富人获取更高的收益做出贡献。

遗产愈加重要

导致财富集中不断加剧的另一个重要因素是继承遗产的比例不断上升。如同收入一样，遗产的分布亦不平均。一些人（其中大部分也同样可被划入收入最低的群体）根本没有任何遗产可继承，而另一些人则可通过继承获取大量财产。因此，遗产不仅仅导致更大的不平等，而且会反过来加剧遗产分布的不平均，而这正是皮凯蒂认为特别至关重要的。1980年代以来，在法国、德国和英国，随着人们寿命的延长及与此同时孩子数量的减少，遗产规模增长明显。皮凯蒂估计目前法国的遗产总值约占年国民收入的15%，这无疑是一个惊人的额度。

2010年，继承的财产也因此占到私人财富的三分之二，而只有三分之一的财富是通过储蓄所积累的。有鉴于此，皮凯蒂预测，在2020年，继承的财产将占到私人财富的70%，而到2050年甚至会达90%，如同我们最后一次在19世纪末所观察到的一样。

而在这一逻辑下，人口显著减少的国家，如德国、西班牙和意大利，将要面对继承资产的急剧增加。但是，人口规模的萎缩会导致遗产价值，尤其是资本收益率的下滑，这一问题皮凯蒂并未触及。

在人口下滑的背后，是经济增长速度的降低，从而导致借助收入储蓄实现社会财富流动更为艰难。皮凯蒂对此持强烈的批评态度，他的政策建议视角使人想起卡尔·马克思关于资产即权力的观点。他写道：

"我们的民主社会建立在一个绩效导向的世界观之上，或者说至少建立在一个绩效导向的愿望之上，这个愿望令我相信，在这样一个社会，不平等是因为不同的贡献与努力，而不是源于裙带关系和（财产）利得。在现代社会，这一信念及愿望发挥着巨大的作用，原因很简单：在一个民主社会，声称所有公民权利平等与生活水平的极端分化严重对立，要化解这一矛盾，从理性及普遍原则的角度来解释这种不平等，而不是视之为偶然所致，就显得尤为重要了。为此，不平等须是合理且有意义的，至少在话语层面是如此，在现实生活中也尽可能应这样。"[1]

因此，与一个白手起家的企业家社会相比，"食利者"（完全依赖其资本利润存活者）社会更为不公正。而全球化和国际竞争压力在未来导致的收入分化，还将加剧这一不公正。一小部分精英始终酬劳丰厚，社会的不平等不断强化。

---

[1]　Piketty, 第422页，作者译。

皮凯蒂的世界观

因此，对皮凯蒂的分析可做如下总结：因为不平等的收入分布，只有收入较高的社会阶层可通过储蓄积累财富，尤其是顶级高薪者可以拥有惊人的财富。资本的收益结构性得高于国民收入增长率，从而导致财富收入比的持续上升。从这一增长中自然得益的是资产所有者，尤其是最富裕的阶层，因为他们的投资收益高于平均水平。总是有越来越多的财产被继承，在一个家族内部流动。结果就是不断加剧的财富集中，这一问题与收入的持续分化一同威胁着民主的根基。

第二节　皮凯蒂的模型怎样？

资本收益不可能永远高于经济增长

皮凯蒂引入公式r>g。根据该公式，他解释为何财富相对收入会以更快的速度增长，并且据此预测未来，这一理念并不新鲜。卡尔·马克思早就洞察到这一点，这是大众贫困化与财富集中化加剧并行理论最根本的基石。

尽管这一假说被皮凯蒂在其分析时间段内所搜集的数据所支持，却仍然是值得质疑的。如果资本收益率真的持续高于经济增长率，那么资本收入迟早会升至国内生产总值的100%。但凭这一点，就足以表明，前面这个命题是不成立的。^①资本收益率必然会降低，因为需求会不断缩减，以至于供应的商品无法完全被消费。

虽然皮凯蒂也完全认识到资本积累的边际递减效应，但是他认为，这一效应发挥作用的过程会非常漫长。但是，主流经济学界的大多数人与其观点相左，认为边际效用的递减会极其迅速。

增长理论认为，长期来看，资本收益率将向国民收入增长率趋同。因此，财富收入比将稳定在一个相应的水平上。皮凯蒂估计，按照目前的趋势持续下去，至本世纪末，这一水平最终将收敛至700%的水平。

慕尼黑经济研究所所长汉斯-维纳尔·辛（Hans-Werner Sinn）

---

① 前面关于国民收入的定义提到，劳动收入+资产性收入 = 国内生产总值 – 资本存量折旧。如果按照马克思的命题，资产性收入的增速总是高于国内生产总值增长，那么迟早有一天，资产性收入会等同于国内生产总值，这种情况只有在劳动收入与资本存量折旧的情况下方会出现，而这是不可能的 – 译者注。

受邀给《法兰克福汇报》(Frankfurter Allgemeine Zeitung) 撰稿，他借助一个简单的例子来解释资本收益收敛背后的数学规律："这一规律是因为一个常量以一定的增长率增长时，增长的不仅仅是存量，还包括增量。这里可用一个堆积土堆的例子来说明：用铲子给土堆添土，每次按照一定百分比增大铲子的容量；那么，土堆土方的增长率将会与铲子容量的增长率趋同。可将当年储蓄视为铲子的容量，财富则当做土堆土方总量，如果总是将收入中固定比例的额度纳入储蓄，那么长期来看，财富（资产）与收入的比值将是恒定不变的。"①但是，暂时的偏差出现是可能的。

有趣的是，哪怕根据皮凯蒂自己的数据，关于资本收益率持续高

---

① Hans-Werner Sinn, Thomas Pikettys Weltformel, in : Frankfurter Allgemeine Zeitung, 13.05.2014 见: http://www.faz.net/aktuell/wirtschaft/wirtschaftspolitik/hans-werner-sinn-ungleichheit-ist-nicht-so-einfach-wiethomas-piketty-denkt-12933579.html.

于经济增长率的假设，首先也只是个假说。[①]为此我们须更深入地考察这些数据：皮凯蒂估计，在过去2,000年的时间里，税前资本收益率（r）介于4%～5%之间。而经济增长率则始终位于这一水平之下，即使是在战后的繁荣年代。而自第一次世界大战以来至今，税后的资本收益率则低于经济增长率。皮凯蒂预测，今后经济增长率会降低，而与此同时，在稳定的资金税前收益率下，资本的税后收益率会继续上升。

但是，为何经济增长速度降低，资本的税前收益却能保持稳定，皮凯蒂并没有对此进行解释。他仅仅指出是根据历史经验，但是所谓的历史经验更多基于传说，而不是事实。从通常情况下约定的特定收益（例如土地租赁）来推断一国民经济体中资本实际获得的总收益率，这一假设是非常不严谨的。实际生活中存在着债务的消亡

---

① 见Piketty, 第356页数据。

和其他形式的财产损失，更接近现实情况的是资本收益率与经济增长率同步调整。而人口结构变化也是一个因素。以西班牙为例：因低生育率与人口流失，在将来的数十年将会发生急剧的人口减少，就如650年前黑死病爆发后一样。希望这一情况对西班牙房地产价格毫无影响，这一想法，但却是极天真的。德国情况也类似。[1]

4%～5%的资本收益率并不现实

对资本收益率的实际水平进行理论探讨之外，在至今始终仍未解决的欧洲金融与欧元危机的第六年，考察资本市场的真相，是值得的。为阻止世界范围内金融体系及欧元的崩溃，世界上主要央行进行了史无前例的干预。通过大幅的降息（欧洲央行不久前甚至进入了负

---

① 参阅: http://think-beyondtheobvious.com/stelters-lektuere/spanish-property-advice-from-the-plague/.

利率时代）和大规模购买债券（或资产），避免了如同1930年代大萧条时期般的金融市场崩溃与财富消亡。富人因此而得救。

作为流动性泛滥的结果，（政府与企业）债券与股票市场的行情前所未有。然而，高估值的背后，是收益率在未来的走低。例如股票，长期来看，只有在作为其基础的盈利能力上升的情况下，其市值才可能增加。虽然，短期来看，更高的价格可以在交易所获得一定的利润水平；但是如果利润没有同时增长，长期价格也不可能上涨。而这又取决于经济增长率（如同我们看到的，经济低迷）与收益率（不可能永远上升）。投资者应期待怎样的实际收益率，从著名的波士顿资产管理公司GMO的演示可管中窥豹：[1]（如图3所示）

美国的股票中，只有那些绩优股（低负债、稳定的现金流入、稳定的经营模式）才可能带来正收益。而在国际股票市场，门槛国

---

[1] 相关信息见unter: www.gmo.com.

未来七年的年均预期收益率（%）

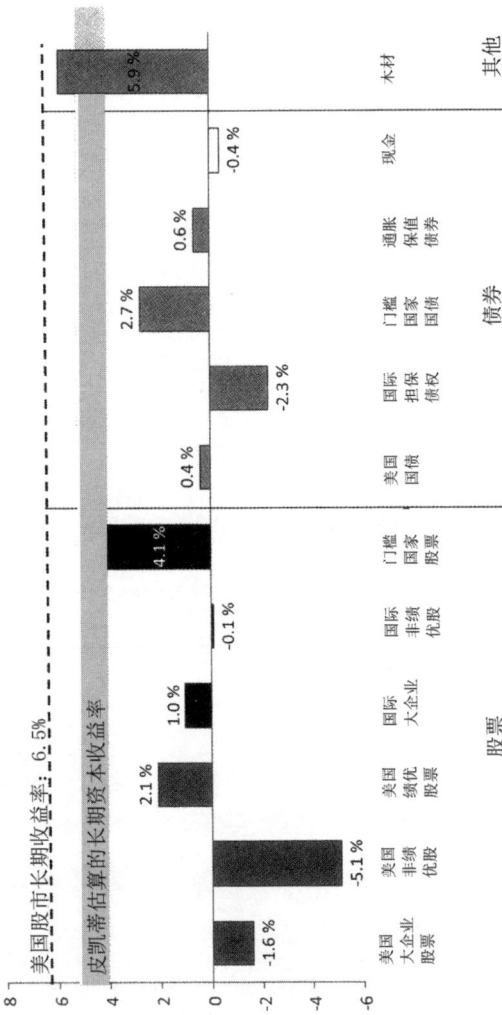

图3 不同资产的预期收益率

假设：美国通胀率回归至15年长期通胀率2.2%

日期：2014年2月28日

来源：GMO LLC

家[①]的股票似乎具有吸引力。这些国家的债券市场也是如此，而其他国家的债券只会产生损失。目前，投资专家估计会出现一波木材的行情（请不要将此理解为投资建议）。关键是，这波模拟的行情如果成为事实，也没有任何投资组合可以获得如皮凯蒂所宣称的4%～5%的收益率。投资者所期望的收益，也就是税前1%～2%而已。这倒是与皮凯蒂预测的工业国家每年1.2%的经济增长率相去不远。财产所有者投资的税后收益率低于经济增长率。"储户们得不到任何经济利益。"因此："他们用廉价资金搞死我们。"说这话的不是别人，而是《金融时报》的首席评论员马丁·沃尔夫。[②]

---

① 泛指介于发达国家和发展中国家之间的国家——译者注。

② Martin Wolf, "Wipe out rentiers with cheap money", Financial Times, 06.05.2014 und unter: http://www.ft.com/intl/cms/s/0/d442112e-d161-11e3-bdbb-00144feabdc0.html?siteedition = intl#axzz34W8RMkI6.

皮凯蒂高估储蓄

根据所有掌握的信息，不仅资本收益率，而且用于再投资，从而导致财富继续增加的资本利润的比例，也明显低于皮凯蒂所假设的水平，因为总是有一部分被用于消费。此外，自用房地产的"利润"（即节约下来的租金）被直接消费掉。人们须如此设想，房地产业主向自己本人支付租金，而这笔钱同时也是他自己的租金收益。这笔收益带来的储蓄为零，即不存在资本的增加。自用房地产在绝大多数国家占总资产的高额比例（在德国这一比例较低），导致那些通过储蓄资本收益而积累下来的财富收益较低。自然，这一机制将促进财富的进一步集中，因为对于更富有的群体来说，自用房地产在总财产中的比例将不断降低。

因此，如此看来，无法肯定我们是否须面对财富收入比不可阻挡的上升。即便皮凯蒂的展示没错，上述怀疑也绝不是个问题。一个资产是国民收入7倍的世界，仍然免于战争与自然灾害而存在，这实在是一个令人愉快的场景，但却不现实。

加剧的财富集中

不断加剧的财富不公平分配可能有问题，皮凯蒂首先将之视为社会问题。财富集中现象并不新鲜。在罗马建立之初，所有公民拥有同样多的土地（"罗马广场"），但在随后几十年中，财富很快就集中到少数几个家族手中。显然，不是所有公民都能同样成功地管理其初始资产。管理不善或运气不好（例如坏的收成）导致不断加剧的财富集中进程。结果就是社会矛盾加剧、货币贬值和没落。早在古代，美索不达米亚的国王们就进行了类似的考察，并迅速地得出了结论。每隔三十年，就要通过重新分配现有土地及免除所有债务，而完全推倒重来。《圣经》上将此描述为豁免年或欢呼年。然而，欢呼年导致利息水平的上涨，以至于在美索不达米亚每隔三年就有必要推倒重来一次。

我们今天建立在受保护的私有产权基础之上的经济秩序，以其经济自由和巨大的创新能力，使得成功与不那么成功的经济活动参与者出现。财富分配仅仅是这一变化的表象，如哈佛教授格里高利·曼昆（Gregory Mankiw）一样，将不平等的财富分配视为对突出绩效激励与奖励的观点，无疑是成立的。[①]然而，鉴于继续深入的全球化（全世界的工资竞争）和自动化（越来越多的工作岗位被机器所取代，例如机器人和3D打印机），工资与工作岗位承受着极大的压力，收入差距反而更加拉大。

人口结构变化的影响

人口结构变化也同样对测算出来的财富不平等分配有巨大影响。

[①]　N. Gregory Mankiw, 2013, "Defending the One Percent", Journal of Economic Perspectives, 27(3): 21–34,见: http://www.aeaweb.org/articles.php?doi = 10.1257/jep.27.3.21.

不莱梅大学教授、社会学家兼人口问题专家贡纳尔·海恩宗（Gunnar Heinsohn）借助一个例子对此做出了精辟阐述："一个国家由两对夫妇构成，分别为A和B，每人拥有一百万财产，四者的财富分配完全平均。因为高技能人员的低生育率导致典型的人口减少，一代人之后，只剩下三个公民，其中一位拥有两百万财产，而另外两位各自的财富只有一百万。

资产为两百万的夫妇A唯一的孩子，继承了他们所有的遗产。而各自拥有一百万的另外两位，则是夫妇B的孩子，遗产须由两个人分享。轻微的不公平感逐渐滋生。因为纯粹的人口结构原因导致了露骨的财富不公平分配出现。仅仅三分之一的人口突然就拥有了所有财富的一半（四百万中的两百万）。

我们再来考察第二个国家，在夫妇A和B之外，还有两位贫穷的公民。这两位一贫如洗，没有任何资产可用于出售或者抵押，以换取现金。缺乏技能也使得他们无法通过货币收入来积累自己的财产。因为他们的无助与贫困，迫使他们从前面4位富人处领取社会救济金。这4位富人从各自的收入中拿出必要的额度发给这两位穷人，这样做，只减少了他们的收入，而拥有的财富本身丝毫无损。

很快，两位穷人有了6个孩子。尽管他们生下来就身无分文。但是他们从一开始就拥有与富人一样的人类尊严。在现代社会国家他们有权向富人资产的利润提出要求。与以前只有两位穷人领取救济金不同，而今是8位，并且为了改善他们的生存条件，社会救济金额度提高了3%。

8位穷人的人均收入比以前提高了3%。而4位富人尽管还能继续保有其一百万的财富，但是收入却减少了，因为他们需要向8位穷人支付社会救济。

尽管穷人状况有所改善，而富人付出更多，没有任何人做过什么坏事，但是仅仅完全因为人口结构原因就导致了财富集中的加剧。在穷人繁衍之前，三分之二的民众（4位富人对两位穷人）拥有100%的财产；而今，确是所有的财富仅仅掌握在三分之一的人手中。与此相对的是，一无所有者不再是33%，而是突然变成了66%。由此，就真实存在或想象的不公正财富分配进行一般性讨论的要求，就变得迫在眉睫了。"①

而皮凯蒂关于财富集中加剧的假说仅仅在如下情况才是有意义的：只有收入足够高，以至于可以有所储蓄的，方可积累财产；而只有拥有资产者，才可获取资本收益，并且财富越多，资本投资收益的机会就越大。遗产继承则加剧了这一趋势。如果缺乏修正性的干预（如收税）和良好的普罗教育，就会导致财富的持续集中进程出现。

---

① Gunnar Heinsohn, Vermoegensverteilung: Reflexion zur Piketty-debate malik-management.com unter: https://blog.malik-management.com/kaelte-kompetenz-und-leidenschaft-2/.

加剧的财富集中损害增长

不断加剧的财富与收入分配不平等损害了经济活力，这是目前经济学界在关键词"长期停滞"的范畴里所讨论的可能性。"长期停滞"这一概念则是由哈佛大学经济学家、美国前财长劳伦斯·萨默斯重新引入讨论。[①]结论是：全世界陷入了储蓄过剩。越来越多的储蓄供给，但是却没有响应的投资需求。因为储蓄也没有进入消费领域，因此资本收益也不断降低，并导致金融市场投机不断加剧。在这背后的规律是：与高薪者和富人相比，平均收入水平的雇员用于消费的比例更高。收入与财富越集中，需求就越萎缩，就有越多的储蓄者找寻有吸引力的投资机会。

萨默斯建议的解决方案是：中央银行应将利率设置在零以下，同

---

① 参阅: http://think-beyondtheobvious.com/stelter-in-den-medien/30-jahre-stagnation-der-weltwirtschaft/.

时国家应更多举债，从而通过投资撬动经济增长。如果真这样的话，我们早就可将资本的盈利能力显著降下来。

貌似资本的收益率很早就已经走低了。鉴于1980年代以来广大中产阶层停滞的收入，消费者不再靠收入，而是依赖信贷进行消费，才能维持需求及相应的资本收益率。这种情况在过去三十年愈演愈烈，因此，我们在这些年所经历的财富增长，如果没有相应的债务膨胀，是根本不可能实现的。在美国，政策以各种可能的方式鼓励私人家庭负债，而在欧洲，则是通过公共开支和社会福利刺激增长，导致政府债务不断累积。

皮凯蒂低估债务影响

我们至今仍在与2008年金融危机做斗争，因此，皮凯蒂对急剧攀升的债务缺乏足够的关注，这一点是令人惊讶的。在他著作的关键词索引表中，"债务"被关联至"公共债务"。在皮凯蒂笔下，这一概念或者是与两次世界大战之后用来减轻政府债务而采取的税收及通胀政策所导致的财富消亡，或者是与他所乐见的大萧条之后社会国家的扩展有关系。此外，他还强调与政府负债相对立的私人财产，并在稍后将之纳入其征税的考虑之中。但在这一背景中，急剧上升的私人债务却被他完全忽视。只是在不重要的部分，他讨论了令人印象深刻的金融资产与负债的增长。[①] 除此之外，皮凯蒂始终着眼于净值世界，从财富的总值中将债务抽出，以得出净资产的额度。

因此，他搞错了一个关键的关系：资产及财富集中度的增加只是硬币的一面，硬币的另一面是债务的增长。尽管资产的主要部分是自有资金，但更多的部分是债权。例如德国：德国的资产估算为12万亿欧元，其中6万亿为房地产、1万亿为耐用消费品，剩下5万亿为货币财富。这些钱并不是放在枕头下面，而是大部分被有意无意地借出了。很遗憾，只要看一下德国银行在美国房地产融资和至今后果仍无

---

① Piketty, 第194页。

法估计的欧元危机中的损失，我们就能认识到，我们不是聪明的借贷人，因为我们的债务人并不总是能履行他们的还款义务。[①]

我们不仅仅储蓄过剩，同样也须面对债务过剩。资产与债务从1970年代以来的平行飙升，这并不是偶然的。国际清算银行的一项研究表明，1980年代以来，工业国家政府、企业和私人家庭的负债从国内生产总值的160%翻了一倍多，达340%。去除通胀因素，与1980年代相比，非金融企业的债务增加了两倍多，政府债务则是以前的4倍多，而私人家庭更是超过以前的6倍。[②]

---

① 在美国房地产融资损失中，德国银行业损失最惨重，此外，对目前处于危机的欧洲国家发放的信贷，德国也未能全身而退。德国经济研究所对其影响进行了分析，见："Wege zu einem hoeheren Wachstumspfad"，第12页，见: http://www.diw.de/documents/publikationen/73/diw_01.c.423522.de/13-26-2.pdf.

② Stephen Cecchetti et al., The real effects of debt, Bank of International Settlement, Working Papers No 352 (2011),见: http://www.bis.org/publ/work352.htm.

图4与图5所展示的变化对比情况

在图4、图5所示时期，所有国家负债明显增加。德国相对来说仍较稳定。一马当先的是日本，该国如此的情况是源于该国当年的政策是希望通过更多的负债，来应对本身由高额负债引发的危机。

这种债务本身并不是不良的，只要其被用于生产性目的：投资新的设备、资助研发。借贷消费也不是问题，只要债务人具有还债的意识。简而言之：只要债务导致额外的努力，并因此提高收入和总体经济的国内生产总值。这种情况下，债务与国内生产总值同步增长。如果债权人不生产必需的额外产品（例如寄希望于其借助贷款购买的房地产进一步升值），那么就有问题了。只有在有人接盘，支付的款项能覆盖最初的售价、利息及利息的利息，债务人才能履行其还款义务。

已去世的华盛顿大学圣路易斯分校经济学教授海曼·明斯基（Hyman Minsky），为此创造了一个概念：庞奇融资（也称庞氏融资）。这一概念得名于意大利移民查尔斯·庞奇（Charles Ponzi），他

政府、私人家庭、非金融部门企业债务（与国内生产总值比值%）

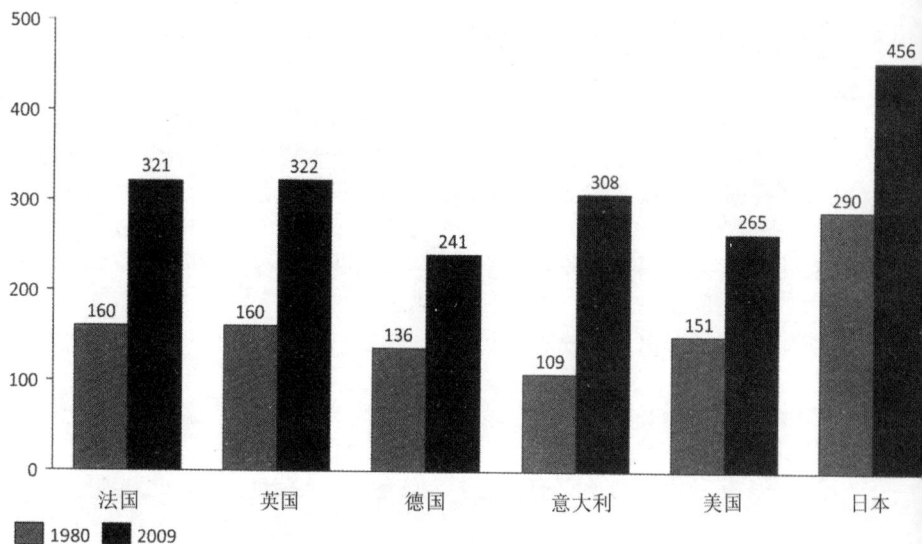

来源：Bank of International Settlement, Working Papers No 352 (2011)

图4　西方世界的债务热潮（1980-2010）

资产比1980-2010（%）

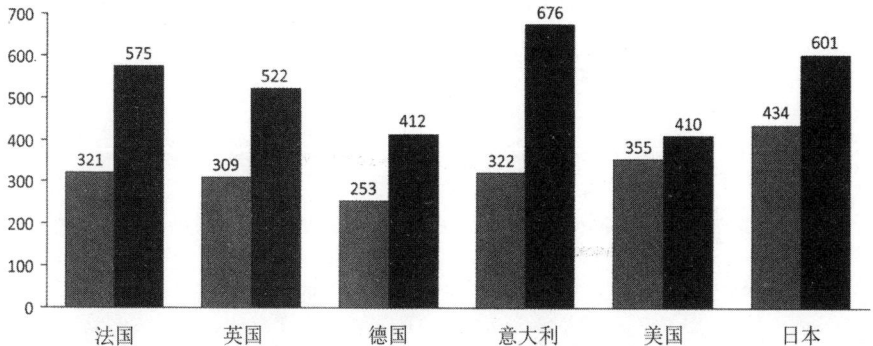

收入比（国民收入的%）												
	法国		英国		德国		意大利		美国		日本	
	1980	2009	1981	2010	1980	2007	1980	2009	1980	2012	1980	2010
最富裕的1%	7.6%	8.1%	6.7%	12.6%	10.7%	12.7%	6.9%	9.4%	8.2%	19.3%	7.2%	9.5%
最富裕的10%	30.7%	32.7%	31.0%	38.1%	31.9%	38.1%	27.2%	33.9%	32.9%	48.2%	31.3%	40.5%

■ 1980 ■ 2010

来源: Alvaredo, Facundo, Anthony B. Atkinson, Thomas Piketty and Emmanuel Saez, The World Top Incomes Database, http://topincomes.g-mond.parisschoolofeconomics. eu/, 06/06/2014.

图5　资产与财富集中度的加剧（1980-2010）

于第一世界大战之后，在美国组织了一次巨大的骗局。他通过许诺以高额的收益来吸引投资者，但是却并没有如其所言将资金用于投资，而是供自己挥霍。而第一批投资者赚的钱来自于后来参与者的本金。十个月后，骗局败露。

以英国为例，通过下面的数据来说明，我们距离稳定的经济距离有多远：从1990年至今，房地产与金融企业获得的信用与贷款从国内生产总值的33%上升到98%，翻了两倍。而与此同时，生产性部门借贷稳定保持在国内生产总值的25%。英国的银行向经济非生产性部门发放的贷款，是生产性部门的4倍。[①]情况在美国、澳大利亚、加拿大、荷兰及瑞典并没有什么不同。

1980年以来，债务的显著提升表明，越来越大比例的债务没有导

---

① Dirk Bezemer: Big finance is a problem, not an industry to be nurtured,FT, 3rd, November, 2013,见: http://www.ft.com/intl/cms/s/0/10c43a5a-4300-11e3-8350-00144feabdc0.html?siteedition = intl#axzz36Di73YpZ.

致更多的生产。消费、投机和借新债还旧债的利息成为主流。

在皮凯蒂看来，同一时期资产与财富集中度有显著增加，这些都在图5中体现。

两条线令人惊讶得平行。因此，考察两者变化间的原因与关联是值得的。

债务与廉价资金作为财富的催化剂

我们来考察1970年代以来的经济增长：首先是美元与黄金脱钩，从此西方世界最终进入了一个完全纸币体系。其结果就是通货膨胀，而这也是政客们最初所期望的。人们希望借此可以减少政府债务和应对失业。只是这两个目标并未实现，于是又从美国开始，发生了方向性变化。美国中央银行美联储迅速加息，经济因此陷入严重的衰退，股票市场崩盘。经济杂志《商业周刊》（Business Week）甚至称之为"股票之死"。然而，为将经济带出停滞状态，罗纳德·里根与玛格丽特·撒切尔启动减税和私有化进程。他们彻底成功了，同时，得益于金融市场的松绑及其他政策推动，私人债务开始显著增加。

东欧与中国加入世界市场，对世界经济的影响深远。新的生产者具备明显的成本优势，导致西方工业国家出现了工资压力与更高的失业率。正确的反应应该是加强教育与创新投资。然而，经济政策却偏向于更舒适的方式：负债。在美国是通过持续增加的私人债务，而在欧洲则是通过不断膨胀的社会国家。

通货膨胀率低使得中央银行能够施行极宽松的货币政策，这更加加剧了金融市场的负债与投机。美国30年期国债的利率从1981年的15%下降至2014年的3%。利率水平如此的下降必然导致所有金融与实物资产的估值升高，而这也正是被皮凯蒂所发现的近数十年来资产价格上升背后的根本原因。假设100美元的利润永远不变，在这个简单的例子中，1981年的100美元值667美元（100/0.15），而2014年值3333美元（100/0.3），无论如何都有近4倍的财富增长。

最先接触到新增货币的机构，从中获利一向最多。银行、对冲基金与私募股权行业获得超出平均值的收入。用廉价的信贷替代自有资金可为各自的投资获得期望的杠杆率。1980年，美国的金融行业的利润约占所有企业的10%。而在金融危机爆发之前，则是惊人的40%；在经历明显的崩盘之后，而今该值又重新恢复到约30%。一国民经济体的负债率越高，金融行业的利润就越高，因为他们可以毫无问题与成本的"无"中生钱。因此，毫不奇怪，最富有者的名单中来自于该行业者超出正常比例。

研究还显示，金融行业规模庞大的国家，用于实体经济投资与创新的资金较少。[1]因此，金融行业并不会像宣称的那样推动国民经济增长。恰恰相反，金融行业规模越大，经济增长率越低，金融危机

---

[1]　Stephen Cecchetti, Enisse Kharroubi, "Why does financial sector growth crowd out real economic growth?", September 2013, 见: https://evbdn.eventbrite.com/s3-s3/eventlogos/67785745/cecchetti.pdf.

爆发的次数也就越多。[1]金融行业的高利润与收入也因此无法自圆其说，这一点也被英国的《经济学家》所确认。[2]最终，这只反映一个事实，即金融行业从高负债中尤其受益。

欧元在欧洲的引入更是引发了债务潮。欧元被宣布后，欧元区其他国家的利率逐渐降至德国的水平。然而，因为其通货膨胀率仍然高于德国水平，导致实际负利率出现。对于债务人来说，这无疑极具吸引力。其结果便是负债的明显增加。廉价的货币激起史无前例的房地产与经济繁荣。西班牙建筑业在泡沫最高峰时，其规模与英国、法国和德国三国的建筑业总规模相当。繁荣的经济推动着工资的增长，从

---

[1]　Guillaume Bazot: Financial Consumption and the Cost of Finance: Measuring Financial Efficiency in Europe (1950-2007), 没有数据，见: www. parisschoolofeconomics.eu/IMG/pdf/jobmarket-1paper-bazot-pse.pdf.

[2]　Counting the cost of finance, Economist, June 21. 2014,见: www.economist. com/news/finance-and-economics/21604574-new-paper-shows-industries-take-has-been-rising-counting-costfinance.

而削弱了这些目前陷入危机国家的竞争力。而今，这些国家被创纪录的债务与过高的工资困扰，而无法在国际竞争中立足。

债务增加的幅度令人印象深刻。从2000年至2008年，爱尔兰的债务增加221%，希腊增加149%，西班牙为146%，而葡萄牙则是89%。法国（68%）、意大利（57%）和荷兰（56%）的债务规模与上述国家相比就显得很稳定了。在所有国家，债务的增长都明显快于经济产出。只有在德国，债务以19%的增长微微少于经济产出（21%）。[①]

廉价货币与信贷政策是导致托马斯·皮凯蒂实证测算结果出现的直接原因。而廉价的货币则直接导致了资产价格的上升。

——通过稳定经济总需求。西方的中产阶级（主要是美国）通过不断举债来抵消其收入增长的停滞。

---

① Daniel Stelter, Die Krise … ist vorbei… macht Pause … kommt erst richtig, 2014, 第6页.

——资产的利息预期被降低，从而将必然导致相对于国民收入更高的资产价格出现。

皮凯蒂只是在会计意义上兼顾这些增加的债务，具体来说，就是将债务（例如200）从总资产（例如500）中减去，以得出净资产（300）。

此外，债务能对总资产值产生杠杆效应。如果没有200的债务，那么总资产就不能简单的认为是300（500-200），而可能只有200。为什么会如此？该视角的诸多理由如下：

——负债的可能性，可能产生对资产物的更多需求，而这些需求如果没有债务是不可能存在的。回顾一下：如某一资产的收益高于利息成本，则可以通过投入更多的债务来大幅提高自有资金利润率。如果某一资产，（例如一只股票），以100欧元购得，每年产生10欧元的收益，那么利润率就是10%。如果可以以5%的利息成本贷得80欧元，则利润率提高至30%（6.0/20）。同时，你也可以通过借贷购买

500欧元的资产，可以再次提高总利润。结果就是：对资产物的需求增加，价格上涨。

相关的例子就是皮凯蒂提及的日本和西班牙的房地产市场泡沫。根据皮凯蒂的数据，西班牙在2008年财富收入比达到创纪录的800%。随着泡沫的破灭，经济出现了一次显著的衰退。如果没有至今仍困扰西班牙的高额债务，这一切是不可能发生的。

皮凯蒂虽然看到了泡沫，但是他只将其视为对其所发现的趋势的一种偏离。[1]而整个西方世界最终处于一个债务泡沫，也因此处于一个估值泡沫中，这一点皮凯蒂并未认识到。他是多么的低估债务的影响，表现在他对于英国、法国和德国房地产市场的观察。他并不认为英法两国房地产价格昂贵是私人过度负债的结果，反而是猜测德国的房地产价格被低估了。

---

[1]　例如在他关于日本的注释中，见; Piketty, 第172页。

——与优惠利率同时出现的资产价格上扬会促使经济活动参与者愈来愈进行投机。在资产的升值可覆盖按揭款及利息的假设下（即前面提及的庞氏融资），越来越多的信贷被借入与借出。这将导致资产价格不断上涨，直至需求枯竭。随后产生的价格崩盘导致金融与过度负债危机，如同我们目前所经历的。

——只要资产价格上升，就存在所谓的"财富效应"。资产的所有者感觉更富有，因此也消费更多。如此可撬动经济，导致虚假繁荣，这种虚假繁荣又反过来促进企业利润和雇员收入提高，以及更高的资产价格。有趣的是，美联储视资产价格的上涨为其目标，以通过期望的财富效应来将经济导入增长的轨道。

——通过使用更多的借入资金来提高自有资金利润率的可能性，貌似可获得更高的利润，以及资产更高的估值。

——另外一个因素就是资产稀缺性的不断加剧。企业不仅通过杠杆效应提高自有资金利润率，还可回购本企业股票以减少市场上股票的流通。这也会导致价格上扬。

皮凯蒂的理论须纳入债务的视角，这正好对于其政策建议是重要的。资产与债务是一块硬币的两面。没有因新增债务而出现的额外需求，将会导致经济产出与资本收益率的下滑。资本高收益时期过后，必然就会出现资本低收益，甚至负收益。考察今天的经济形势，人们便可对被一些关注者所担心的"长期停滞"作出相应解释，即对于储蓄（即资产）来说，找不到具有吸引力的投资可能性。其结果就是利息不断降低。已经进行的投资兴许还可以产生高收益，且可以获得相同收益的新项目，但是只有在很少的行业才可能出现。

在考察硬币的两面时，重要的是要考虑到，财富拥有者与债务人不总是同一批人。皮凯蒂的研究聚焦于净资产及其分布。但是须考虑到，许多按照这种统计方式不拥有或者拥有很少财富者，在现实生活中支配与巨额债务相对应的总资产。较穷的群体不但要面对拥有较少财富的问题，而且还须承受归还债务本息的压力。不过，只要这一点与皮凯蒂所引发的讨论之政治后果有关系，其重要性就不可忽视。

通过更多廉价货币应对债务危机，只会使形势更加糟糕

每一个危机的根源显然是上一时期的经济繁荣。如图所展示的，政府与私人部门债务在过去几十年间显著增长，直到2008年泡沫破灭。很明显，债务人因此遭受重创。当价格开始下跌时，才发现被债务吹起来的资产没有想象中那样保值（例如西班牙，皮凯蒂发现其2008年财富收入比达到创纪录的800%），越来越多的债务人及其债权人（银行）陷入困境。一个典型的金融周期与普通的经济周期不一样，瑞典国民经济学家克努特·维克塞尔（Knut Wicksell）早在1898年就有所阐述。

其核心思想简单明了：太低的利息导致债务爆炸，从而推动资产价格上涨。债务与货币并不是与经济无关，而是产生于经济之中。在我们的货币体系中，银行可通过信贷而从"无"中创造出货币。在资

产价格上升的情况下（例如房地产价格）信贷有良好担保，且保值。同时，信贷产生的额外需求推高房地产价格，并带动更多的信贷发放，而这又反过来推动需求和价格上扬。

因为债务增长不可能永远快于收入增长，所以债务狂潮的终结不可避免，危机也就随之爆发。随后发生的"资产负债表衰退"[①]迫使债务人整理其资产负债表 – 储蓄、还贷或者破产。

国际清算银行作如下概括："金融周期与经济周期不同。金融周期反映的是引起金融震荡的相互作用的变化，包括估值、产生的预估及实际风险、各自的融资条件等。金融周期明显长于经济周期，最适合借助信贷规模与房地产价格进行测算。生产与金融变量的发展方向

---

① 资产负债表衰退的概念源于日本经济学家Richard Koo，最初被用来描述日本1990年之后的发展，稍后也被用来解释金融与经济危机，可见: The World Inbalance Sheet Recession: Causes, Cure and Politics, real world economics review, http://www.paecon.net/PAEReview/issue58/Koo58.pdf.

可长期分化，但如果金融泡沫破灭，那么原则上两者之间的关系则会重新恢复。在这种金融行业下行阶段，经常出现银行业危机，并且更多时候，这类危机会与比普通经济下行周期更加剧烈的衰退（资产负债表衰退）交织在一起。"[1]

没有各国央行与政府大胆的干预，我们今天无疑已经再一次陷入1930年代般的世界经济危机，经历银行倒闭、公司破产和大规模失业。

危机的根源在于过于廉价的资金和过度负债，而今又通过更多廉价资金和更多负债来应对：各国中央银行再次大幅降低主导利率，并且大规模购买债券。政府因此也背负上更多债务，以稳定经济形势。尽管"紧缩"之声无处不在，但实际上并无动静。不仅工业国家，也

---

① 84. Jahresbericht der Bank für Internationalen Zahlungsausgleich, 第73页，见: http://www.bis.org/publ/arpdf/ar2014e.htm.

包括门槛国家，政府与私人部门债务从2007年始继续增加。七国集团的政府债务增加了40%，达到国内生产总值的120%。私人部门的负债也不断增加。2007年以来，债务出奇地增加了30%。^①欧洲的危机国家亦不例外：爱尔兰的债务规模占国内生产总值的比例相比2008年增加了84%，葡萄牙69%，希腊55%，西班牙40%，法国34%和意大利27%。据说一直稳健的荷兰，债务也增加了24%。^②

尽管如此，危机6年之后，经济复苏仍然没有出现。在所有爆发危机的国家中，目前的经济产出还未恢复到危机之前的水平。欧元区的大国中，只有德国的经济发展状况好于2008年的水平。鉴于已经存在的债务负担，这样的情况并不令人惊讶。新增债务的很大一部分仅

① 84. Jahresbericht der Bank für Internationalen Zahlungsausgleich, 见: http://www.bis.org/publ/arpdf/ar2014e.htm.

② Daniel Stelter, Die Krise … ist vorbei… macht Pause … kommterst richtig, 2014, 第54页。

仅是为了用来维持债务链条的延续，而不会产生新的需求，也根本不会导致更多投资。

国际清算银行称："私人部门的高额负债会令可持续的经济发展窒息。在许多经历过金融繁荣的国家，私人家庭与企业被削弱，带来了沉重的金融与宏观经济压力。而在那些陷入危机最严重的国家，私人部门的债务水平与国内生产总值相比仍然还是很高，这导致私人家庭与企业对利率的上升极为敏感。这些国家可能陷入一种债务陷阱：通过低利率撬动经济发展，产生了继续加大负债力度的激励，并最终加剧问题，而不是将其解决。"我想删去"可能"这个表述，而是表达为"这些国家已陷入债务陷阱"。

因此，希望通过更廉价的资金和更多的负债，去克服过度负债与过于廉价的货币所导致的危机尝试，证实失败了。更糟糕的是，欧洲国家的政府和欧洲中央银行却没有认识到这一点，仍然在增加剂量。其口号是："没有效果，那就加码。"

推行政策所导致的后果（在美国、英国和日本也一样）可从金融市场中感受得到。就如GMO公司前面的分析所展示的那样，金融市场的估值已经远远偏离了实体经济的基本数据。一些指标表明：

——欧洲股市在2013年增长15%，同时经济却停滞，预期利润降低3%。

——2014年夏，西班牙与意大利十年期国债的利率分别达到史无前例的2.57%与2.70%，低于美国，尽管两国的债务状况与人口结构远景比美国糟糕。

——不仅仅政府债券得益于各国央行的流动性狂潮：信用评级低的债务人的所谓垃圾债券的风险溢价明显回落，目前再次回到2007年的水平。

——在美国，调整后的市盈率再次明显高于长期平均水平。股票不再便宜。

——在科技领域，互联网时代的评判标准重新引入：销售倍数（替代盈利倍数，因为没有盈利）及用户数量决定企业估值。

"我见到的是2007年般的价格泡沫"，威廉·怀特（Willian White）如是说。怀特不是等闲之辈，而是当年作为世界清算银行的首席经济学家准确地预测了金融危机。而今，他作出如下判断：[①]

——各国中央银行的政策从未如今天般宽松，哪怕在1930年代。这一政策是一次前途未卜的巨大试验。

——其目的是要"吹起"资产市场。得益于资产价格的上涨让人们感觉变得更加富有，因此消费更多，以此撬动实体经济。这是否奏效，值得怀疑，此外也给金融稳定带来了巨大风险。

——这一货币政策令人担忧的后果是，并没有解决引发金融危机的高额债务问题。各国央行也无法解决这一问题。

——如果人们想解决过度债务危机的话，债务须被减记与重组。

---

① William White, Ich sehe Preisblasen wie 2007, Interview in der Finanz und Wirtschaft, 11. April 2014 und unter: http://tablet.fuw.ch/article/ich-sehe-spekulationsblasen-wie-2007/.

这只能由政府来出面落实。目前，货币政策维持着债务链条不断，使得采取必要的逃避措施成为可能。

——在欧洲，结果是明显的。越来越多的企业与银行资不抵债。尽管如此，却一切照旧，就如这些机构仍旧没问题一样，其信贷极其方便的获得展期。专家们称之为"僵尸"企业和银行。他们无力偿还债务，更没有能力在今后进行投资。面对银行业，政策无疑在自欺欺人。

——我们仅仅是因此没有明显的通货膨胀，因为在高额负债的环境下货币政策已失灵。中央银行只能直接影响基础货币，而不是信贷投放。而后者在欧元区目前是收缩的。如果从低通胀率就得出没有风险的结论，则是危险的。威廉·怀特将之比喻为一个人从二十层楼上跳下，在半空中自言自语："目前为止，一切都好。"如果像在日本那样，对货币政策不断进行积极干预，怀特认为存在恶性通胀的风险。根源则是货币丧失了广泛的信任。

怀特在国际清算银行的继任者在最新的年度报告中，对目前经济政策的副作用做出了同样清晰的表述，并且要求迅速掉头。积极的货币政策不但无法解决实体经济的问题，还会在金融市场产生新的泡沫，因为追求收益的投资者越绝望，就越愿意接受更大的风险。[①]但是根本的政策转变迹象仍未显现，而是恰恰相反。

如果没有各国央行的大规模干预，我们无疑会再次经历1930年代般的经济危机。但是，只有2009年与2010年的救助计划是合理的。从那以后，西方国家开始依赖于各国央行的输液，而未着手解决根本问题。因此，备受皮凯蒂诟病的资产与财富集中度变化问题越发严重。

政策没有刹住，反而强化了这一进程

从古至今，限制财富集中进程的努力层出不穷。出于这原

---

① 84. Jahresbericht der Bank für Internationalen Zahlungsausgleich, 见: http://www.bis.org/publ/arpdf/ar2014e.htm.

因，引入了累进制的收入与遗产税。同样重要的还有对后代教育的投入。皮凯蒂强调，除了征收极高的收入税，美国1950年代与1960年代的普罗教育是"更公平的财富与收入分配"的根源所在。

而这一切在1980年代发生了变化。政府使尽浑身解数，刺激建立在债务基础上的经济繁荣，并减少对高薪和财产的税收。如果今天要指责这一变化，那么须牢记一点，即这个年代的政治家出于对根本的必要改革的恐惧（尤其是经济现代化和投资教育、创新与基础建设）而走了一条据说更简单的负债之路。只有如此，才有可能导向债务危机，也只有如此，才有可能使得资产增加及财富集中度上升成为现实。近年来的救助政策再次加强了这一变化。

皮凯蒂基于其思考提出哪些要求？如何对其进行评估？对于目前的债务经济有何意义？我们将在接下来的一章中讨论。

第四章

21世纪的财产征税

定义

社会国家，即通过税收、再分配、社会福利和教育与基础设施投资以确保广大民众分享一国财富的积极型国家。

政府（公共）债务 = 国民财富在私人与政府之间错误分配导致之后果（皮凯蒂如是说）。

累进遗产税，类似于个人所得税，财产越多，征税的税率越高。

（一次性）资产税 = 根据一次性的资产缴税，以克服国债危机。

国家破产＝导致相关债权人损失的政府债务违约。

　　紧缩 ＝ 支出缩减，以归还国债。

通货膨胀 ＝ 货币的明显贬值，降低债务占国民收入的名义比例，以此减少政府债务。

核心观点

1930年代的大萧条导致社会国家的出现，即通过税收来落实收入与财富的再分配，以及对教育和基础设施的投资，这样促进了更低的财富收入比和财富集中度。皮凯蒂在这种情况下的最大发现是对于最高薪者征收80%的累进制所得税和累进的遗产税。

1980年代以来，税率的显著降低却不必要地让一个良好的体系消亡了，这个体系本来是可以阻止财富集中的。因此，要让财富收入比与财富集中度不再回到第一次世界大战前的水平，皮凯蒂则要求迅速提高所得税（50万美元起80%），并引入全球范围内的累进财产税。最后一点的实现十分困难，可以在区域层面（尤其是欧洲）遵循其观点迈出第一步。

政府债务是不公平的，因为会导致所有纳税人须为主要由富人所持有的国债支付利息。而政府债务只不过是国民财富在私人领域与政府之间错误分配的结果。因此，欧洲政府债务危机可通过让富人缴纳一次性资产税就可毫无问题地解决，这只涉及民众中的很小部分群体；而所有通过紧缩来消除政府债务的尝试则都会被拒绝（因为紧缩会对所有国民造成影响–译者注）。国家破产会导致混乱的破产与银行倒闭潮，因此应尽量避免这种情况发生。而通货膨胀则会让债务与资产同时减少。

评估

尽管托马斯·皮凯蒂在其分析中完全忽视了廉价货币和增加的总负债的作用，但是他很有可能关注到了显著上升的政府债务。在他看来，这是财富在政府与私人部门错误分配的结果。尽管他认识到一些效率方面的不足，却仍坚持社会国家现有的水平，并还要继续扩展。但是，他忽视了国家保障一个老龄化社会早已暴露的负担。这一点表现在他对现收现付的养老保险制度的高度评价，并认为其是稳定的，只须进行一些微小的调整。鉴于人口结构变化带来的巨额费用，他的这一乐观估计根本无法被人认同。

关于欧洲政府债务问题，皮凯蒂提出了利用税收筹资解决问题的正确建议。但是同样过高的私人债务问题却被他忽视。实际上，欧洲的私人与公共债务须进行约三万亿至五万亿欧元规模的重组。此外，皮凯蒂仅仅涉及政府债务的分析，还回避了一个关键问题，即债务在欧洲内部不同国家间的再分配。尤其是德国纳税人（资产所有者）不仅须为危机国家，而且也要为意大利和法国的债务埋单。

人们只有认同皮凯蒂关于如何应对欧洲过度债务问题的评估，因为国际货币基金组织和德国联邦银行也赞同征收一次性资产税以解决债务问题，这种种迹象表明，政策正在朝这个方向迈进。尽管其模型存在缺陷，并且忽视了廉价货币与债务狂潮对私人部门的影响，皮凯蒂仍将对未来的经济政策产生巨大影响。政治家们毫无其他选择，除了通过债务减记、重组和资产征税来克服债务危机。

第一节　皮凯蒂的政策建议总结

社会国家的收获

皮凯蒂视社会国家是1930年代大萧条带来的最杰出成果。与战前不同，社会国家更积极地干预经济。市场被更严格的管制，企业国有化，反垄断法规加强。这些措施就已导致更低的资本收益率。此外，社会国家使得对普罗教育和社会福利保障的更多支出成为可能。因此，目前在工业国家，国民收入的10%～15%用于教育与卫生事业，还有10%～20%为转移支付（养老金、失业金及其他社会福利），使得"社会支出"提升至国民收入的25%～35%的水平。在他看来，这一大规模再分配的根据是参与分享权。

皮凯蒂认为赞同削弱社会国家的讨论是南辕北辙。这将不仅是对过去几十年进步的否定，更会带来更严重的失衡后果。在一些已经发生了这一变化的国家，如美国和英国，已经可以能够观察到这些后果。

更好的选择兴许是重构现代化社会国家，使得其可在未来收入水平不变的情况下完成任务，而目前来说则是人口的老龄化。皮凯蒂认为尤其重要的是开放和便宜的教育。放眼美国的顶尖大学，皮凯蒂称赞其办学质量，但是也对美国大学的高昂学费表示不满，认为这会导致大学生来自于财富远高于平均水平的家庭。更好的体系是收取很少或者根本不收取学费，以促进社会流动。研究正好表明，在美国，父母的财富与收入背景对孩子的收入水平有决定性影响。而在欧洲，尤其在斯堪的纳维亚国家，社会的流动性明显更高。

考察现收现付养老金体系，皮凯蒂发现该体系在未来优于个人账户体系，因为"理论上，当下的劳动者对平均收入的快速增长感兴趣。因此他们将会为了自己的孩子投资在教育上，且有较高的出生率"。①皮凯蒂却没有提及这一理论并不符合实际情况。此外，他仍在很大程度上忽视了人口结构变化的后果。毫无疑问，必须对退休年龄做一些调整，但是也仅是涉及非从事艰苦工作者。并且，未来缴费者人均负担亦没有提及。在皮凯蒂观点的最后，他表示，希望发展中国家与门槛国家也会扩展其社会国家功能。

累进制征税

社会国家需要资金运作。同时，为避免皮凯蒂担心的财富收入比和财富集中出现，他认为须引入累进制税收制度。皮凯蒂将累进所得税和累进遗产税视为20世纪最大的税务创新。

"二战"以后，累进税具有对"过多"收入与财富进行"充公"的特征。因此，这是"一种应对不平等相对自由的办法"，因为其承

---

① Piketty，第487页续。

认自由竞争和私有产权。[①]与此相比，卡尔·马克思的解决方案（稍后于20世纪在苏联及其他国家被实践）则极端得多，逻辑也严密得多。[②]国有化下私有产权几乎完全破坏则通过消灭资本收益的方式解决了资本收益率问题。然而，很遗憾，最终发现，计划经济运作起来，不如私有产权下的市场经济；因此，皮凯蒂认为，借助高额税收来解决问题更为可取。

1932年至1980年，美国针对最高收入者的所得税税率平均为81%。而在欧洲这一税率则明显较低，但是也在50%以上。而美国则长期是遗产税的先行者，在1930年至1980年间，针对遗产的最高税率介于70%~80%之间。而在欧洲，相应的税率则在30%~40%之间。

皮凯蒂对于问题的解决胸有成竹：工业国家应修正过去几十年犯

①   Piketty，第505页。
②   Piketty，第531页。

下的减税"错误"。具体来说，他建议美国重新对年收入超过50万美金的最高薪者征收80%的所得税。[1]高所得税迫在眉睫，以对冲全球化的后果。如此就会对西方国家的中产阶层产生持续的工资压力，而他们中只有很少一部分从全球化获益。皮凯蒂认为，只有高额税收才能使得公众支持全球化的世界经济。否则，民族主义和保护主义将抬头。

当然，这远远不够。高额所得税限制大笔财富的积累，但是却无法减少或限制已经积累的财富。亿万富翁们的课税收入只有区区数百万，如同他所举的欧莱雅继承人莉莉安·贝当古（Liliane Bettencourt）的例子，这一拥有300亿欧元财富的富婆，课税的收入从未超过500万欧元。[2]因此，还须征收全球累进财产税。这意味着

---

① Piketty, 第513页。
② Piketty, 第525页。

没人可以逃脱征税，而累进税，在皮凯蒂的模型里，则可抑制目前巨额财富的超幅增长。这一税种涉及所有的资产类型：房地产、金融资产、企业资产等，"无一幸免"。[①]

皮凯蒂预设的完全透明化，本身就可促进更多的公正，因为巨额财富的公布将会让财产所有者承受更多要求加强征税的公众压力。

因为全球合作具有最大的不确定性，所以，皮凯蒂要求至少在地区层面进行尝试，且无论如何要在欧洲尝试。关于遗产税，他认为最多三分之二遗产的极高税率是合适的，但是财产税却温和得多，介于100万到500万欧元的财富，征收1%；高于此金额者，征收2%。[②]在欧盟，这些税收涉及2.5%的民众，每年带来国内生产总值2%的税收收入。此外，他强调，鉴于超过一个亿的资产可获得6%～7%的收益

---

① Piketty, 第517页。

② Piketty, 第528页。

率，可将税率向上大幅调整。[1]

如果不施行这样的政策，皮凯蒂担心民族主义、保护主义和资本管制，因为欧洲各国将会尝试单独对资产征税。

欧洲政府债务危机的解决

欧洲是财富收入比最高的大陆，目前正处于政府债务危机之中。对于皮凯蒂来说，这是证据，即政府债务问题是财富分配问题，而不是财富不足的问题。他以意大利为例。该国虽然政府高额负债，私人家庭却恰恰相反，非常富有。

减少政府债务，还有很多其他可能性供选择。皮凯蒂分别评论道：

——紧缩：导致更低迷的经济增长，并且不公平。大量公民须为少数人的利息收入埋单。此外，这样做会危及社会国家。

---

① Piketty, 第529页。

——国有资产的私有化：与租约的债转股没有区别，国有资产从此归富人群体所有。就此而言，无操作性。

——国家破产：国家可以（如希腊）债务违约和重组。因为债务危机涉及多个国家，他们都比希腊块头大得多，如果都这样做，那么将会导致银行业危机和破产狂潮。

——通货膨胀：早在过去，通货膨胀就扮演过减少过度负债的角色。今天仍然存在这种可能。将通货膨胀率从2%提高至5%，减少的政府债务就可达国内生产总值的15%。这一措施将导致人们将货币投资于金融资产，而不是生产性活动。如此所产生的再分配效应无法被忽视。兴许，这一措施对拥有较少财富者影响反而更大。

——一次性资产税：皮凯蒂因此倾向于征收一次性资产税，以克服政府债务危机。在欧洲，对私人资产征收15%的一次性资产税将可获得一年的国民收入，能完全还清政府债务存量。在此，也可以根据皮凯蒂的观点考虑累进税率，以保护财富较少者。如果想将各国政府债务减少20%，使之达到约国内生产总值70%的水平，并向60%的长期目标收敛，只需要向拥有100万到500万欧元者征收10%，向超过500万欧元者征收20%的一次性资产税即可。[①]此外，还可以将这一税收分十年期缴纳。对于皮凯蒂来说，这一建议的优势在于，只涉及小部分民众。

皮凯蒂的世界观

因此，可将皮凯蒂的观点作如下总结：阻止财富不断增加与集中趋势的唯一出路就是对高收入和巨额财富的充公型征税。政府债务危机仅仅是私人与公共部门之间的分配问题，因此可通过征收一次性的资产税得以解决。

---

① Piketty, 第544页。

第二节　皮凯蒂的建议怎样？

社会国家的真实成本

皮凯蒂赞扬社会国家的角色，以让财富的分享成为可能，克服不平等的财富与收入分配。而他并不认为目前的制度有根本性的缺陷，而仅仅是警告须提高效率和进行现代化。现支现付的养老金体系在他看来也是应长期存在的，他并且强调，在这一体系下，存在生育和良好教育后代的激励。抛开这一点并没有事实根据（比如德国，尽管政府竭尽全力施行家庭政策，但生育率始终处于低水平），皮凯蒂完全忽视了一个老龄化社会运行的巨大成本。可掌握的相关数据令人瞠目。早在2009年，政治家对未来养老金、退休金和卫生服务所作承诺所导致的实际债务估计已到了史无前例的水平，在各国分别为（与国

内生产总值的比例）：[①]

——德国：413%

——英国：418%

——法国：542%

——意大利：358%

——美国：534%

有鉴于此，国际清算银行督促各国政府迅速行动，以避免国家财政的完全崩溃。在皮凯蒂关于财富收入比的计算中，上述这些债务并没有出现。如果将这些真实的政府债务整合进皮凯蒂的数据中，那么得出的财富收入比将明显减少：[②]

---

① Jagadeesh Gokhale, "Measuring the Unfunded Obligations of European Countries", National Center for Policy Analysis, January 2009 und unter: http://www.ncpa.org/pdfs/st319.pdf.

② 数据为模拟：财富收入比加上官方公布的政府债务减去Gokhale给出的实际政府债务。因为不掌握所有年份的数据，所以与实际相比存在一些偏差，但是精确性在此已足够。

——德国：–1%（而不是皮凯蒂计算的412%）

——英国：104%（522%）

——法国：33%（575%）

——意大利：318%（676%）

——美国：–124%（410%）

当然，这两个数据来源一定存在巨大的不确定性。皮凯蒂关于企业资产的数据真的准确吗？政府债务果真有这么高吗？两者相关概念的定义一样么？这些都不确定。但是，很遗憾，大致的规模是没错的。

很明显，今后政治家们须为如何应对这些隐性的承诺找到出路。推迟退休年龄、更低的养老金水平和加剧的分配矛盾都是可能出现的。政策将走向越来越多的再分配，如皮凯蒂在其著作中所建议的一样。今天，政客们的决策有多么的迎合大多数的老年人，从德国大联盟政府的养老金决议就可略见一斑。数据还表明，我们的社会国家体系仍须得到检验。皮凯蒂认为财富集中会危及我们社会的道德基础。但是我们也可得出结论，各国政府数十年来的借债度日，至少对于我们的民主和社会团结同样是个威胁。

不仅是政府债务问题

在第三章我们讨论被皮凯蒂所忽视的不断加剧的私人部门负债。他自己也强调，欧洲是财富收入比最高的大陆，同时具有债务问题。没错。在此展示的则是债务对资产价格的影响。欧洲不仅仅拥有最多的财富，而且还有最高的债务。用金融术语来说，欧洲的杠杆率最高，这源于信贷的撬动。没有债务的参与，财富将会显著减少。

债务狂潮不仅将资产价格推高，而且更是成为当下严重的负担。许多债务人已经无法清偿其债务。这正是目前关于欧洲银行体系讨论的背景。客观来讲，这一体系已经资不抵债。因为没人知道如何能筹集资产重组最少需要约8,000亿欧元^①，因此只能"死马当作活马医"，欧洲中央银行慷慨地向银行体系提供流动性。实际的债务问题有多严重，如图6所示。

所有欧洲国家的总债务处于一个创纪录的水平。债务最高的爱尔兰（国内生产总值的406%）和葡萄牙（381%）甚至超过日本（372%）。其他国家的债务规模介于国内生产总值的250%至300%之间，只有德国以206%处于明显的低位。显而易见，欧洲的危机绝不仅是政府债务问题。许多国家的私人部门债务规模也极高。

因为皮凯蒂只考察净值，即总资产值扣除债务，使之与高债务水平的重要性失之交臂。只要资产价格随着债务所推动的繁荣结束而下跌（皮凯蒂顺便举了西班牙为例），就会有越来越多的债务人陷入困

① Viral V. Acharya, Sascha Steffen, "CEPS Policy Briefs: Falling short of expectations? Stress-testing the European Banking System",15. January 2014,见: http://www.ceps.eu/book/falling-short-expectations-stress-testing-european-banking-system.

债务水平（为国内生产总值的%）

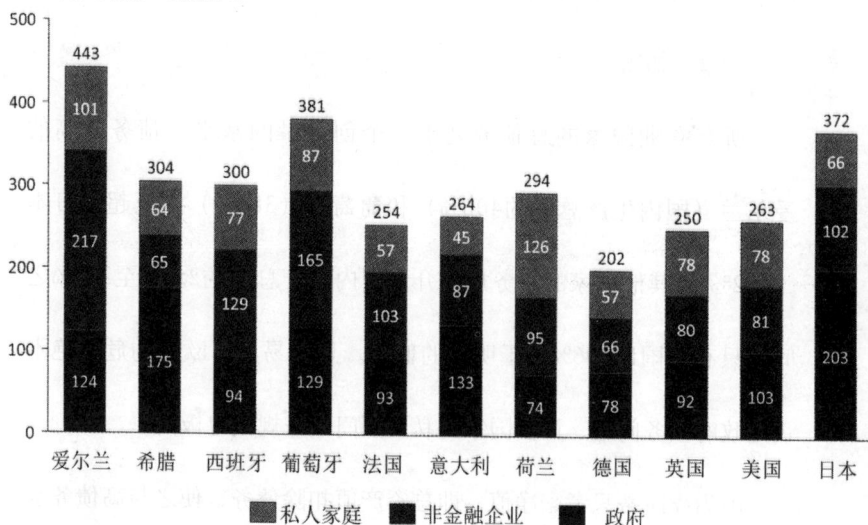

来源：Europaische Zentralbank, Eurostat, Federal Reserve, U.S. Bureau of Economic, Analysis (BEA), Bank of Japan, OECD, bto-Analyse.

图6 政府、非金融企业和私人家庭债务

境。这是一个典型的金融周期过程，如同我们在第二章讨论过的一样。

更严重的是资金跨界流动。爱尔兰、葡萄牙、希腊和西班牙尤其负有外债，解决债务问题的所有方案都须以国际合作为前提。或者是债权人从这些国家购入更多的货物与服务，或者是通过国际协议落实（部分）债务豁免的债务重组。除法国与英国外，德国是最重要的债权国之一。

可以预见的是，不仅各国政府无法完全履行其偿债义务，在一些国家私人部门也有这一问题。坏账的比例到底有多大，只能估计。如果政府债务占国内生产总值的60%被视为长期可持续[1]，以此也

---

① 皮凯蒂自己认为60%规则是没有根据的（第565页续），此外有许多研究表明，政府债务占国内生产总值的50%～60%是可承受的水平，再多就不行，见 OECD in "Fiscal Consolidation:How much, how fast and by what means", April 2012, http://www.oecd.org/tax/public-finance/50106656.pdf. 其他资料来源见: Daniel Stelter, Die Krise … ist vorbei … macht Pause … kommt erst richtig, 2014, 第79页。

作为私人家庭与企业目标值的话，那么总债务的目标值则应为180%（60%的3倍）。[①]

假设部分债务人仍有一些可资出售以偿还债务的资产，则可将政府、私人家庭和企业的总债务的目标值设定为国内生产总值的240%（60%+90%+90%）。在这假设基础之上，则实际上已无法正常偿还的债务规模在3万亿至5万亿之间，约占前文所述欧洲[②]所有债务存量的20%；并且债务的增加仍然显著快于经济增长，坏账的规模日益庞大。如果欧洲经济按之前的速度增长，欧元区的总债务每个小时则增加6,000万欧元。

如果皮凯蒂将一次性资产税视为欧洲政府债务危机的解决之道，那么他显然走得不够远。我们须克服无法承受的总债务负担问题。如

---

① 无法清偿的债务的详细计算以及相关的假设，见：Stelter et.al, Die Billionen Schuldenbombe, Weinheim 2013, 第164页续。

② 更多细节见：Daniel Stelter et al., Die Billionen-Schuldenbombe, 2013.

威廉·怀特所正确认识到的："要解决过度负债问题，须重组或减记坏账。"①而须清楚的是：谁、以多大规模、以何种方式来承受这一成本？因为债务不能偿还（无论以何种方式），就会产生相应的财富损失。

遭受损失的是债权人，例如国债持有者，如果政府违约、展期或者支付更少利息。国际货币基金组织的一篇新文章显示，"债权人参与"的这些措施更容易被落实。②然而，负担则主要由人寿保险公司、银行及其债权人分摊。

因此，这引起了所有资产须分担损失的讨论，不能仅让那些有意

① William White, Ich sehe Preisblasen wie 2007, Interview in der Finanz und Wirtschaft, 11. April 2014,见: http://tablet.fuw.ch/article/ich-sehe-spekulationsblasen-wie-2007/.

② IMF: The Fund's Lending Framework and Sovereign Debt—Preliminary Consideratins, 22. May 2014 und unter: http://ftalphaville.ft.com/files/2014/06/SDR0614.pdf.

无意（作为银行或人寿保险的客户）将钱借贷给糟糕债务人的债权人蒙受损失。

资产税并不新鲜

皮凯蒂讨论了如何根本整顿政府过度负债的可能性。但是他只考察了官方公布的债务；那些我们所看到的可观隐性债务，在他的研究中一片空白。如何整顿无法清偿的总债务，也存在相同的可能性。如何才能削减欧洲规模达三万亿至五万亿的债务呢？[①]

对于单个的债务人，即相关的私人家庭或企业来说，解决方案是紧缩。该方案也可适用于单个国家，瑞典1990年代银行业危机后所进行的紧缩令人印象深刻地证明这一点。然而，这一措施也无法在整个

---

① 就如何处理无法清偿的债务的各种选项所进行的详细讨论，见Daniel Stelter et al., Die Billionen-Schuldenbombe, 2013.

大洲的层面落实。对于一个国家来说，减少总债务的唯一可能是（通过紧缩）获取外贸盈余。而这须以极强的竞争力为前提。当年瑞典则是通过瑞典克朗的明显贬值来实现债务的整顿。如果一国无法让本币贬值，例如当一国被嵌入一个固定的汇率体系，如欧元，则会发生以工资和存款减少为表现形式的"内部贬值"。结果是什么呢？衰退或者最好情况下也是经济的停滞。于是债务对国民收入的比值反而继续上升。这与我们在欧洲的危机国家所观察到的并无二致。

更高的经济增长貌似是最有吸引力的选项。名义经济增长取决于三个因素：劳动人口、人均劳动生产率和通货膨胀率。在西方国家劳动人口已停止增长或在减少。今后人口结构变化会对我们产生极大冲击。因为创新不足和国际竞争的加剧，人均劳动生产率与过去相比增长缓慢，2013年甚至有所退步。通货膨胀率低，存在通缩的风险，这一点并不令人惊讶，因为过度负债总会导致更少的需求和通缩压力。研究表明，高负债水平总是与更低的经济增长相关联。[①]

历史上，过度负债的局面多被以通货膨胀的方式加以打破。在目前的环境下，要想通过通货膨胀做到这一点，年通货膨胀率则须多年保持在10%以上，同时保持低的利率水平。

虽然各国央行可以让名义利率维持低位。但是在欧洲的危机国家，利率水平始终位于名义经济增长率之上。这不可能使得债务减少。各国央行无法制造理想的通货膨胀率，反而是通缩压力巨大。银行体系更倾向于将可支配的资金用于金融市场投机或购买国债，而不是向私人部门投放贷款。在许多国家，私人部门已经高度负债，不再具有负债能力或热情。在这种情况下，通货膨胀只有在对货币体系的信任受到破坏时方会出现。但是，如果这样

---

① Manmohan S. Kumar, Jaejoon Woo, "Debt and growth", IMF Working Paper 10/174, 见: https://www.imf.org/external/pubs/cat/longres.cfm?sk = 24080.0.

的话，出现的就不是"仅"10%，而是明显高得多的通货膨胀率了。

剩下最后一个选项：债务重组。这可以通过许多路径实现：债务人单方面宣布失去偿付能力，不再偿还债务；或者债务人与债权人就重组达成一致，通常情况下是部分豁免债务、展期和免息等措施的组合。这种债务重组越有序，额外的损失就越少（例如源于金融市场恐慌），债权人获得的"破产比率"也就越高。此外，在有序的程序中，会就一定的让步（例如改革）进行商议。

皮凯蒂也看到了有序程序的优点，并因此就政府债务危机的解决提出一次性资产税的建议。然而这一建议并不新鲜。早在古代，在过度负债的情况下，就出现了让债权人承受部分债务损失的现象。第二章曾经提到，在古美索不达米亚，定期削减债务已是家常便饭。债务被豁免，土地被重新分配。

我在2011年已展示，对于西方政治家来说，除了效仿美索不达米亚，西方政治家别无选择。①这一当时被人视为天方夜谭的观点，而今在2014年成为了讨论的焦点。但大多数关注者（同样也包括皮凯蒂）低估了这一措施各个方面的复杂性。这不仅涉及数千亿国债，还包括至少三万亿政府与私人部门债务。就此而言，皮凯蒂所建议的对资产超过100万欧元者征收10%～20%的一次性资产税是杯水车薪。图7展示了债务问题的各个方面。

该图将在各国假设对所有财富（即没有免除额）征收10%一次性资产税所产生的收益与各国无法清偿的债务进行对比，清楚地表明，这一力度的税收仅仅在德国足够于偿还债务。而德国的私人部门没有债务，因此债务仅由政府债务构成。在所有其他国家则需要更高的税

① Daniel Stelter, David Rhodes, "Back to Mesopotamia, The Looming Threat of Debt Restructuring", The Boston Consulting Group, September 2011, http://think-beyondtheobvious.com/referenzen/back-to-mesopotamia-the-looming-of-debt-restructuring/.

无法清偿的债务与10%税率下一次性资产税所得（单位：10亿欧元）

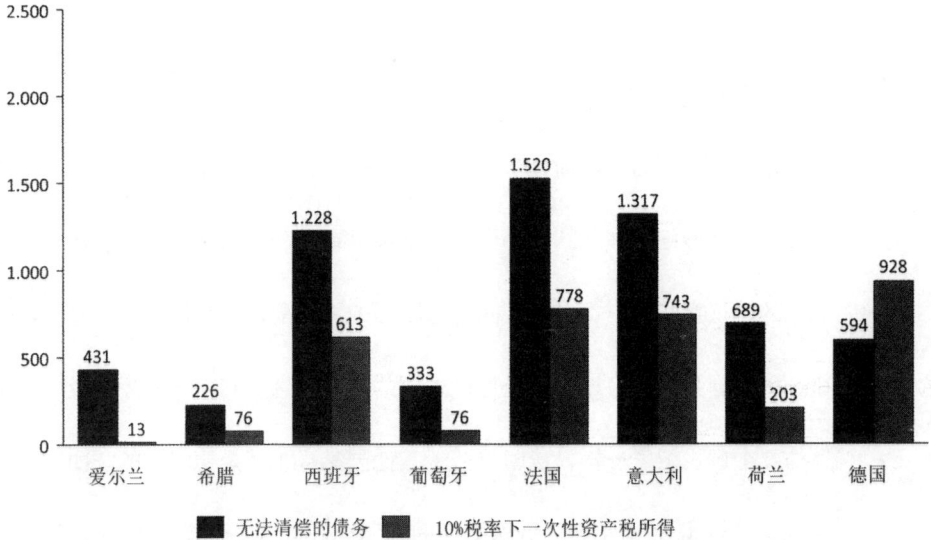

来源：Europaeische Zentralbank, Eurostat, Die Welt, bto-Analyse

图7　无法清偿的债务与10%税率下一次性资产税所得

率来清偿债务。如果考虑对一定资产规模以下者豁免征税，必要的税率将须更高。

欧洲团结的必要性

资产与负债的不均衡分布被皮凯蒂所忽视。当他假设欧洲的财富（与债务）最终掌握在欧洲手里时，则经常在欧洲层面讨论问题。对于他的建议意味着财富在各国间进行剧烈的再分配，他保持沉默。站在一个法国人的角度这固然是可以理解的，如同意大利、西班牙以及另外几个危机国家一样，法国得益于其他国家（尤其是德国）的"团结"。在这点上（故意）语焉不详的并不仅仅是他一个人。因此，国际货币基金组织的首席经济学家（法国人）奥利维尔·布兰查德（Olivier Blanchard）在接受德国《商报》（Handelsblatt）采访时要求"欧洲更紧密的团结"。只不过他没有量化，这一团结对于德国来说将有多么昂贵。[①]还有国际货币基金组织的官方研究，在其中把征收一次性资产税作为解决欧洲政府债务危机的方案引入讨论，也对这一再分配视角故意守口如瓶。[②]

债务重组与因此导致的资产所有者分摊损失的想法在政策讨论中多么热门，也表现在两位债务危机专家卡门·M·莱因哈特与肯尼斯·罗格夫发表于2013年12月份的文章中。他们认为，对于克服欧洲债务危机来说，债务减记是极有必要的，同时，也要求债权人与债务人之间的"团结"。当然，作者也没有提及，债权人的成

---

① Daniel Stelter, Die Nebelbomben des Olivier Blanchard, Handelsblatt,14.03.2014, http://think-beyondtheobvious.com/stelter-in-den-medien/die-nebelbomben-des-oliver-blanchard/.

② Taxing Times, IMF Fiscal Monitor, October 2013,见:http://www.imf.org/external/pubs/ft/fm/2013/02/fmindex.htm.

本是多少。[1]

德国联邦银行也视一次性资产税为政府债务危机的出路，但是强调，在危机国家要求欧洲的团结之前，首先须本国的富人为此作出贡献。[2]这当然是源于以下事实，即德国的人均财富水平在欧洲并不是顶尖。皮凯蒂的数据也表明，德国的财富收入比低。造成这一情况的原因，除了战争与分类导致的财富严重消亡之外，还有较低的房地产自有率（房地产本身的估值也较克制）及通过贸易顺差积累的国外资产投资的不理想。无论如何，国外的金融危机已经给德国本身带来了

① Carmen Reinhart, Kenneth Rogoff, Financial and Sovereign Debt Crisis: Some Lessons Learned and Those Forgotten, IMF Working Paper, December 2013,见: http://www.imf.org/external/pubs/ft/wp/2013/wp13266.pdf.

② Monatsbericht January 2014, Deutsche Bundesbank, 见: http://www.bundesbank. de/Redaktion/DE/Downloads/Veroeffentlichungen/Monatsberichte/2014/2014_01_ monatsbericht.pdf ?__blob = publicationFile.

约4,000亿欧元的损失。[①]欧洲债务危机导致的进一步损失还将接踵而至。

目前关于银行业联盟、财政联盟以及"更多欧洲"的政策讨论无非就是讨论如何分配无法被清偿的债务。谁来承担哪些损失？危机国家当然最希望能够依据目前的经济实力（国内生产总值）。如图8所示，无法清偿的债务如果根据各国国内生产总值占欧洲的比例来进行再分配的话，再分配的规模是惊人的。

德国对于解决欧洲债务危机做出了那些实际贡献，将会在今后几年得到证明。许多贡献的取得取决于正确的政治策略。

如皮凯蒂所提及的，一次性资产税分期缴纳也是可能的。德国联邦政府"经济五贤人会"曾讨论过建立一个债务偿还基金，以在接下

---

① Wege zu einem hoeheren Wachstumspfad, Deutsches Institut der Wirtschaft,见:
http://www.diw.de/documents/publikationen/73/diw_01.c.423522.de/13-26-2.pdf.

无法清偿的债务

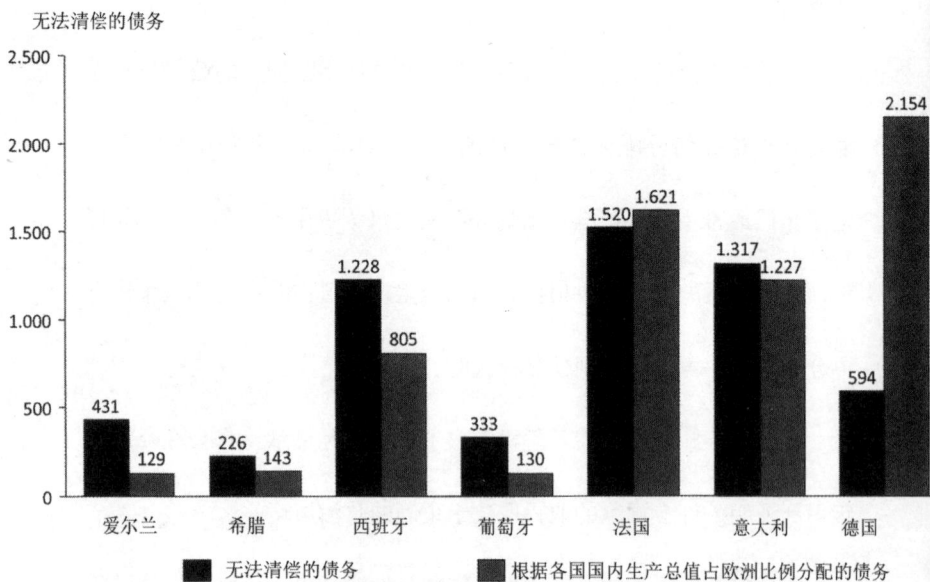

来源: Europaeische Zentralbank, Eurostat, bto-Analyse

图8 团结之影响

来的数十年间分期偿还债务的建议，但该委员会只是附带提及，并且认为该建议"缺乏民主合法性"。可是如果在议会中就此进行表决，有什么不对呢？无论如何，这一建议都可以与资产税方案很好的衔接。

2012年夏，我在别处提议，将欧洲无法清偿的总债务与一个债务偿还基金挂钩，在兼顾一定程度的团结（仅仅是为了希腊、爱尔兰、葡萄牙和西班牙等无论如何都无法偿还债务的国家）的前提下，分20年还清债务。这一建议如果得到实施，那么每年德国将为之支付占国内生产总值的1.5%的金额。[①]尽管这个解决方案如此痛苦，但怎么都优于皮凯蒂宣称的无序违约或者完全的债务社会化。

---

① Daniel Stelter et al.,Fixing the Eurozone, The Boston Consulting Group, Maerz 2012,见: http://think-beyondtheobvious.com/referenzen/fixing-the-euro-zone/,即及 Stelter et al., Die Billionen Schuldenbombe, 2013.

不多的政策选项

迄今为止，这种措施仍然是政策实践所极力避免的。尽管在希腊曾经出现了为减少债务负担而导致的私人债权人资产减记，但之前多数债权人购买的希腊国债得到了清偿，因此，仍然处于破产状态的国家的主要债权人是欧洲其他国家和欧洲中央银行。在塞浦路斯，曾经尝试过缺乏深思熟虑的做法，即让银行股东与储户为破产银行的整顿负担成本。其中不妥当的一点是只让直接投资银行或者持有银行账户者蒙受损失，这就等于是向特定资产类型征税，而让其他资产豁免。此外，对于富有的顾客来说，在塞浦路斯的银行关闭之后还存在到伦敦的分支机构取现的可能，这至少是一个公平问题。考察欧洲的局势，有一点对于每个人来说都是明确的，即银行账户的存款不应超过10万欧元。就此而言，一次性资产税尽管不寻常，但确是更公平的解决方案。

政策没有太多选项。危机爆发六年之后，债务总额还在攀升。欧洲经济停滞，债务大厦的崩盘得以避免，仅仅是得益于欧洲央行的果断干预。在过度负债的环境下，通货膨胀并没有出现。

剩下的经济政策尝试为数不多，并且效果如何也完全不明朗。一个方案是欧洲中央银行直接收购所有坏账，然后分期（几十年）减记或者直接注销。目前在英国，直接注销这种方式被深入讨论。[①]

欧元区这些可能的措施，无非就是债务偿还基金的另一种方式，而且具体来说真正"没有其民主合法性"，是根据各国在欧洲中央银行的资本金比例分摊成本。德国将成为主要的负担承受者（目前是28%），只有付出，没有任何回报。

还有一种选项就是讨论新的货币制度，例如过渡到全额货币制

---

① 参阅: Dear Minouche, wipe out the UK's QE debt,Financial Times, 21. March 2014, http://www.ft.com/intl/cms/s/0/36c69fa8-b0cf-11e3-bbd4-00144feab7de. html?site edition = intl#axzz36X020X59.

度（Vollgeldsystem）。这一理念首次出现于1930年代世界经济危机的背景下。为就如何削减（当时也已经存在的）过度负债找到一个完美的出路，经济学家亨利·西蒙斯（Henry Simons）与欧文·费雪（Irving Fisher）在1936年发展出一个新的理念：终止商业银行创造货币的能力，银行只允许将其拥有的存款借贷出去，这些存款将100%由国家中央银行提供，因此这一概念也被描述为"全额货币"。这两位教授认为如此就可以实现一国民经济体信贷增长的连续性，并避免繁荣与危机的循环。这一理念的拥护者①不断增多，在瑞士甚至已经做过一次全民公投。

异见者怀疑这一措施是否真的可以实现货币创造的垄断，因为人

① Strip private banks of their power to create money, FT, 24. April 2014,: http://www.ft.com/intl/cms/s/0/7f000b18-ca44-11e3-bb92-00144feabdc0.html?siteedition = intl#axzz36X020X59.

们还可以不经过银行而获得借款，从而创造货币。[①]此外，鉴于目前的货币政策，各国中央银行受到的批评也是正确的。谁能保证，在各国政府不断要求更多宽松的背景下，各国央行就一定能够顶得住压力呢？

在债务问题上，这一建议的优势在于，从当下的制度转向完全准备金制度的过渡期，存在摆脱债务的可能性。具体来说，是这样的：商业银行所有发放的信贷来自于基础货币。因为商业银行不拥有基础货币，因此国家会提供这笔钱，而这笔钱本身也是无中生有。提供这笔钱的结果首先就是银行业体系资产负债表相应的显著扩张。由国家向银行提供的这笔钱导致银行对政府的负债，然后用（原来）政府对银行的负债（即政府债务）与这一负债进行结算。结算之后甚至还可

---

① 货币、信贷和财富关系的详细论证在本文的语境下先不谈，在此推荐Gunnar Heinsohn, Otto Steiger, Eigentumsoekonomik, Marburg 2008，文章总结见:http://think-beyondtheobvious.com/schulden-sind-gut/.

能有所盈余，可用来偿还部分私人部门债务。最终，银行发放的信贷将100%来源于自有资金和基础货币。商业银行能发放的新增贷款取决于自有资金与中央银行提供的货币量的增加。[①]

国际货币基金组织在最新的一个研究中探讨了这种可能，并得出结论：全额货币事实上可以履行所期望的功能，使得债务清偿成为可能。[②]但是，这一措施对于币值有何影响（尤其是鉴于各国中央银行资产负债表的急剧膨胀），仍是未知数。

为克服债务危机，越来越多极端的措施被引入讨论，从中我们可以得出结论：考虑征收一次性资产税的政治热情正在升温。皮凯蒂也为此提供了颇具说服力的根据，尽管对于其基本假设的质疑有

---

① 参阅: http://think-beyondtheobvious.com/mit-vollgeld-ausder-krise-das-neue-geldsystem-als-loesung/.

② Jaromir Benes, Michael Kumhof, "The Chicago Plan Revisited", IMF Working Paper 21/202,见: http://www.imf.org/external/pubs/ft/wp/2012/wp12202.pdf.

理有据。

整顿之后更低而不是更高的税收

我们已经看到，皮凯蒂克服债务危机的理念存在政策上成为现实的潜力。对其关于所得税的考虑我则强烈不认同。一方面，与资本产生的收入相比，就业所得应得到改善。另一方面，欧洲在惨痛的债务重组之后须加强经济增长动力，要落实这一点，税收应更低，而不是更高。

有趣的是，美国左翼党派的推理走向同一方向。在1960年代与1970年代的美国，无法规避皮凯蒂所推崇的80%税率的群体仅是极少数，主要是演员、艺术家、体育明星和一些少数行业的高薪者。[1]绝

---

① James K. Galbraith, "Kapital for the Twenty-First-Century?", Dissent, Spring 2014 und unter: http://www.dissentmagazine.org/article/kapital-for-the-twenty-first-century.

大多数人都可以绕开这一税率。而今在全球化的世界，规避这一税率的可能性更是远超当时。

政策须做什么？

没有增长，则没有可能克服目前的挑战。经济增长率越低，则债务人越没有可能履行其偿债义务。在政府层面，意大利的例子则可以证明，如果不能实现更高的增长率，则竭尽全力也无法阻挡债务的攀升。再考虑到老龄化社会给我们带来的巨大负担，则我们须即刻致力于提高增长潜能。

对于皮凯蒂来说，经济增长是一个外在因素被纳入其计算。他正确地认识到，这一增长取决于两个要素：人口数量增减和人均劳动生产率。鉴于萎缩的人口数量，要维持或者加快经济增长，须做出巨大的努力。

而目前的危机政策则南辕北辙。没有任何根本的挑战被触及。相反工业国家的投资仍然不足，劳动生产率的增长不断下滑，以至于世界范围内的劳动生产率在2013年甚至下降。①

那什么是目前经济政策的其他选项呢？能将工业国家以及世界经济重新带入可持续的增长轨迹的政策项目该是怎样呢？这里有一个在一段时间之后就会生效，但却痛苦的项目②。

（1）终结负债增长

首先，我们不能无视这一事实，即债务的很大一部分已无法清偿。最好的选择是与之切割，重新开始，而不是永远继续这一游戏，使得问题愈演愈烈。我们越有秩序地重组债务与分摊成本越有利。对此，财产税是一种解决方案，该方案建立在没有巨额负债资产价格就会保持在一个较低的水平这一考虑基础之上。无论如何，这都好过带

① 此处也可参阅: http://think-beyondtheobvious.com/fatal-fuer-schuldner-produktivitaet-der-weltwirtschaft-sinkt/.

② 见Stelter et.al, Die Billionen Schuldenbombe, Weinheim 2013.

来更大损伤，并可在极端情况下导致惊人财富消亡的经济政策试验。

这一政策目前实现的可能性很小。这条路，政治家们长期不敢踏入。但是这条路他们始终无法回避，只是要等到更多和更严重的损失产生之后。

（2）缓解人口结构问题

早在2011年，国际清算银行在其一份研究中表明，政府为将来养老金、退休金和卫生服务做出的承诺在财力上绝对无法实现。如果将政府如企业一样进行财务状况核算，那么这是一目了然的。真实的负债为国内生产总值的400%至800%。国际清算银行通过结算得出结论，应该施行何种政策来解决这一问题。如果仍然保持目前养老金在国内生产总值的比例不变，仅仅这一项，就可能让许多国家如美国、英国和法国的政府债务继续攀升。德国貌似情况更好，但是不能忽视，这一计算是在大联盟政府送出养老金礼物之前进行的。此外还应注意，保持目前的水平不变，则意味着人均水平的明显缩减。[①]通过引入更长的工作时间、妇女更高的劳动参与率以及更低的养老金水平来扭转这一趋势，则是不可避免的。此外，还采取积极的政策引入高素质的移民。

很遗憾，落实这些政策的可能性也越来越小。只要大多数选民是转移支付的受益者，则政策还是得迎合他们。德国现政府的政策只是为此给了一些甜头，最终则会演变为老人与年轻人，以及老人（富人）之间的斗争，这一前景令人不快。

（3）更多投资

没有对基础设施、机器设备、研究与教育的投资，则不断老龄化和减少的人口无法保有财富，更别说偿还欠债和履行对未来的承诺。

---

① BIS Working Paper 300: The Future of Publice Debt, Maerz 2010,见http://www.bis.org/publ/work300.pdf.

钱从来没有像今天如此廉价。因为中央银行的救助政策，在一些国家，如美国、德国、法国和英国资金实际上已经没有成本。企业也受益于有利的融资成本和同时创纪录的利润。几乎在任何地方，企业利润占国内生产总值的比例达到了最高水平。理论上我们应经历一次投资热潮，但是我们却没有这样做。恰恰相反，无论是私人还是公共投资，都在缩减。

问题出在哪里呢？

对于政府在公共投资领域的克制有不同解释。

——许多国家的债务已经很高，因此，尽管融资成本很有利，但却无法承受更多的债务。虽然有些专家，如诺贝尔奖获得者保罗·克鲁格曼和哈佛教授劳伦斯·萨默斯督促政府鉴于廉价的资金而举债进行大规模的投资项目，但结果可能是灾难性的。无法清偿的债务冰山将更加庞大。而其他人，例如《金融时报》专栏作家沃尔夫冈·慕尼西奥要求欧洲中央银行直接对经济项目^①，则可能是希望走后门来清理债务问题，即或者通过一个基于欧洲中央银行资产负债表、民主上不合法的债务清偿基金，或者就通过通货膨胀（如果可以实现的话），但这通货膨胀绝不可能真能保持在每年4%。

——在这种背景下，政策应该从消费转向投资。简而言之：更少的社会支出，更多的基础设施、教育和研究支出。但是这无法得到广泛认同，并会损失选票。而民众只能慢慢觉察这一点，如果能觉察到的话，取消投资支出项目，则轻易得多。破旧的街道只是招来一些抱怨、只有一部分民众能注意到师资短缺、不足的研究支持产生的负面影响几十年后才会显现。事实上，欧洲的危机国家首先缩减了投资支出，而在德国，在大联盟政府送出养老金礼物的同时，同样多的附加

---

① Wolfgang Muenchau, An investment surge would jolt Europe back to life, Financial Times, 29. June 2014，见: http://www.ft.com/intl/cms/s/0/e02c9154-fdf2-11e3-bd0e-00144feab7de.html?siteedition = intl#axzz36X020X59.

经费也被用于基础设施的现代化。

——民众对于投资者的敌意不断加强。人们脑子里面只有针对飞机场和火车站的抗议。一个老龄化和少子化的社会倾向于消费，而不是投资。

——大型项目的投机丑闻（例如柏林飞机场）让这类议题对政客们更失去吸引力。

最后一点，公共部门缺乏投资热情与能力是过去数十年债务经济的后果。大部分预算被社会福利与利息支出所占用，活动空间被大大压缩。

政府须变得更精简，这有一箭多雕的效果：纳税人更轻的负担、为国民提供更好的服务、公共部门占用更少的人力资源，将有能力的员工推向私人经济部门。

剩下的问题是，为何私人部门不投资？廉价的货币和高额的收益难道还不足以作为激励么？原因是形形色色的[①]：

——由于金融危机，在绝大多数国家国内生产总值的增长还未恢复到危机之前水平，企业现有产能足以应付。

——近年来经济与政治的不确定性并没有减少，反而在增加：欧元危机、阿拉伯世界的变革、美国预算之争、德国能源转型，所有这些因素都导致不确定性及因此产生的投资克制。

——相对于通过提高效率和降低成本来优化投资存量，新的投资显然风险更大。

——扩充产能会降低现有投资的收益率。因此，回购本企业的股票或者并购竞争对手是更好的选择。这两个策略尽管会推高股市，但却无助于国民经济及劳动生产率的提高。

---

① Warum investieren wir nicht? Beyond the Obvious, 24. January 2014, http://think-beyondtheobvious.com/warum-investieren-wir-nicht-2/.

——企业经理人的激励机制促使其聚焦于短期收益，而不是长期的资产增加。在这点上，企业界与政界的行为方式并无二致：仅仅是股东和选民的区别。着眼于眼前是他们的共同点。有趣的是，非上市企业的投资率更高，显然这些企业的所有者在投资这一问题上目光更长远。

——在一些行业可能竞争不充分。企业满足于带来可观利润的市场寡头垄断地位，无须为市场份额进行激烈的争夺。

解决方案只有可能是促进企业投资；或者对投资实施与分红和股票回购实行不同的税收优惠，或者通过改进的折旧方式。按照目前的形势发展下去，政府向企业部门征收更多的税只是个时间问题。就此而言，对于企业来说，还不如将钱投资进自己的生意里。

还有一个重要因素是教育体系的迫切改善。在不断加剧的全球竞争背景下，只有给予我们越来越少的孩子更好的教育，以及全体民众更优良的再教育，才能让我们在世上立足。这一点已经成为政客们演讲的口头禅，但却从来没有得到过落实。Pisa测试[①]中的小小进步蒙蔽了我们的双眼，让我们无法认清教育领域的问题到底有多严重。对此有疑虑者，我建议其拜访一下本地的学校。

所有这一切，都不是新的议题与要求。但是很遗憾，落实的可能性非常之小。正确的经济政策生效缓慢，且通常是不被大众所接纳的。短期舒适的经济政策，却将问题留给了未来。

（4）整顿金融系统

欧洲银行业资本充足率不足始终是一个系统性风险和经济发展的巨大负担。欧洲中央银行的压力测试将迫使商业银行披露其资本需求，并整顿资产负债表，当然，有理由怀疑这一希望是否会落空。研究表明，欧洲银行业的资本需求达最多8,000亿欧元。谁

---

① Pisa测试是一项由DECD统筹的学生能力国际评估活动，主要是对接近完成基础教育的15岁学生进行评估，测试学生能否掌握参与社会所需的知识与技能。

来填补这一缺口？与六年前相比，今天的政府与银行相互依赖关系更强，就像两个相互依靠的酒鬼，而欧洲中央银行则负责供应啤酒。

不清理坏账，加强银行监管和落实明显要更高的资本充足率要求，则是行不通的。但是实现的可能性仍然很低。政客们害怕告诉民众真相。只要谁负担、如何负担多少费用？这些问题不明朗，谁都不会去触碰这一议题。而引入新的货币制度，则机会更小。《金融时报》评论员马丁·沃尔夫言简意赅地表示，也许在下一次危机爆发之后才有可能对我们的货币体系进行根本的改革。①

（5）货币政策的正常化

货币政策对实体经济复苏的作用有限，同时却又产生了严重且高

---

① Strip private banks of their power to create money, FT, 24. April 2014, 见：http://www.ft.com/intl/cms/s/0/7f000b18-ca44-11e3-bb92-00144feabdc0. html?siteedition = intl#axzz36X020X59.

风险的副作用，因此越来越多的关注者（如前面提及的国际清算银行）要求中止这些政策。人们只能同意这一观点。国际清算银行详细探讨了历史上类似情况的经验，认为一旦货币政策转向，金融市场就会出现扭曲。货币政策正常化拖延的时间越长，扭曲就越严重。[①]

这一要求实现的可能性也不大。如果各国中央银行真的终止其目前的政策，那么经济仅靠廉价资金维系这一真相就会大白。债务大厦便会倒塌。正因为如此，该方案不可能成为现实。尽管个别或者少数中央银行尝试放慢印钞的速度，但是缩减资产负债表的扩张根本无从谈起。没有中央银行的支持，则政客与民众就须面对冰冷的现实。

另一种愿景的可能性则大得多：中央银行不是减少，而是越来

[①] 84. Jahresbericht der Bank für Internationalen Zahlungsausgleich,见: http://www.bis.org/publ/arpdf/ar2014e.htm.

参与对经济的干预，通过越来越多的流动性来支持经济。越来越多的可疑债务被纳入中央银行的资产负债表，直至其最终成为一个坏账银行，成为实际上垃圾债券的回收站。这些债务可免息并无限展期，如此这样，政府就有财政能力应付当年的财政赤字。一些人觉得这是一个完美、无痛的解决方案。

而其他人（如我）则怀疑，是否这么容易就将问题给掩盖了。如果因此导致对我们货币与金融体系普遍丧失信任，那么问题就太大了。只要信任丧失，那么将会有大量货币资产转为实物资产，这就可能导致货币价值的消亡。我们今天之所以接受50欧元纸币，是因为我们认为它明天仍然值同样多的钱。如果这种信任消失，钱第二天就有可能一文不值。通货膨胀专家，瑞士教授彼得·本恩霍尔兹（Peter Bernholz）在其研究中对这一过程有过精辟论述。①

---

① Peter Bernholz, Monetary Regimes and Inflation, Maerz 2006 是关于历史上通货膨胀时期非常有趣的分析。

第五章

托马斯·皮凯蒂的"资本"还剩下什么？

In the 21st century the theory of debt

人们只能祝贺托马斯·皮凯蒂选择的时机：在正确的时间抢占了一个正确的议题。然而，他的著作名不副实，也与媒体一开始的盛誉相差甚远。这是一本高度政治化的著作，在阅读过程中始终挥之不去的印象是，政治动机不是文章的结论，而是起因，这从文章开篇起就很清晰。

有问题的数据处理

尽管有许多错误，假设也过于大胆，但皮凯蒂的著作数据基础令人印象深刻，不失为一大学术贡献。

但这位法国经济学家对这些所披露数据的处理，明显有问题，而且也不符合人们期望的学术中立。数据也完全被如此使用，以至于能够更有力地支持其希望得出的结论。例如皮凯蒂的所有分析都基于未扣除税收和社会转移的总所得值。如果考察二次分配之后的实际所得分配，其分化则根本不再如此严重。

还有皮凯蒂宣称资本长期收益率稳定于4%～5%，最终也只是一个假说。尽管他没有证明这个收益率是否成立，但人们也无法批评他？考察超过2,000年的时间跨度谁又能做到呢？但皮凯蒂的研究基于各种情景的模拟，有一点是不容置疑的，即他的模型对于各种假设的微小变动是非常敏感的。

没有根本性法则

"世界公式" r>g（资本收益率>经济增长率）是皮凯蒂号召实施大规模再分配的理由，但如前文所展示的，其本身却是建立在流沙之上。只有当经济增长率持续降低但税前资本收益率仍始终保持在

4%~5%的水平，同时税负降低时，这一情景才可能在未来出现。皮凯蒂聚焦于税收解决方案。而增长理论及其在资本市场的实践清楚表明，资本收益率不可能持续高于国民收入增长率。鉴于西方世界人口结构的变化，我们必须面对低增长，同时还有低收益。

财富与收入集中化也可能有问题

与此相反，皮凯蒂关于收入与财富不公平分配的分析则更好理解。高额遗产和追逐更高资本收益率的可能性可导致财富随时间集中。在一个全球化的经济世界中，大众收入停滞甚至缩水的同时，高薪的存在是巨大的冲突隐患。在此，要求征收相应的税收是没错的。尽管这一措施在大多数国家已经实施，但还可以继续改进。在税收中实施对资产性收入比劳动所得更优惠的政策，这无疑是不合理的。

忽视的债务

在其对净值的观察中，皮凯蒂尤其忽略了债务与廉价货币的作用。没有过去几十年的债务狂潮就不可能出现如皮凯蒂所展示的那般规模的财富增长。债务使得国民收入更高，也使得资产的需求和价格更高。受惠于慷慨的中央银行而得到的信贷越廉价，负债便越高，国民收入与资产价格则会继续增加。

同时，金融部门占经济的比例也超幅增长，并导致高薪的出现，尤其是对冲基金经理、投资银行家和私募股权精英。

我们自2008年以来与之斗争的危机，正是这一债务推动下繁荣的直接后果。负债与资产须一起系统考察，而不是仅仅进行账面上的结算。

债务危机的解决

皮凯蒂关于欧洲政府债务危机解决方案的方向是没错的。尽管他在很大程度上隐藏了社会国家的消极方面，而仅仅赞同实行提高效率的措施。但他关于削减政府债务可能性的思考是正确的，对各种选项的评估以及对税收解决方案的鼓吹也可以理解。在克服危机这一点上，他正确地看到了债务与资产的关联。

但是，他低估了债务问题的复杂性：一方面，政府的实际债务远高于官方公布的数据，另一方面在欧洲须面对政府与私人的过度负债。在危机爆发六年之后，债务对国民收入的比值仍在攀升。

皮凯蒂解决债务问题的思路始终停留在欧盟层面。而他故意避而不谈，他的建议将会导致欧洲内部国家间巨大的财富再分配。

接下来的时间里，通过推动对资产征税解决债务危机的压力会显著增加。政客们会认识到，所有通过更廉价的货币或者更多的通货膨胀毫无痛苦解决问题的希望都会落空。走到这一步，还需要一些时间，债务仍会继续上升，就如我们曾经在日本看到的一样。

新的货币制度是必要的

"这样下去"的危险是巨大的：借助一次性资产税解决债务问题，而不去触碰根本问题。而债务只是过去错误决策的表面症状：消费替代投资、信贷替代收入、逃避国际竞争替代接受挑战。

公正始于创造同样的机会，即普罗教育。此外，适度的再分配也有助于财富的平均分配。然而，重要的是回归到重要的经济原则。债务不过就是放弃未来的消费。好的经济政策因此放弃短期的刺激，取而代之的是长期有效的措施，尤其是教育、创新、限制官僚主义与管制（但绝不适用金融部门）、国民经济生产性资本存量的投资。

我们的货币制度也有问题。不可抑制的信贷增长不仅催生债务和财富（纸币），也导致关系存亡的金融危机出现，如我们过去几年所痛苦经历的。关于"全额货币"议题的讨论得以复兴（在受到即将举行的瑞士全民公决所推动），是一个令人鼓舞的迹象。《金融时报》的评论员们则赞同将作为支付与保值工具（100%基础货币）的货币和收益与风险并存的资产投资区分开来。然而，要担心的是，至少还要发生一次危机，才有可能让人真正面对这一根本问题。

讲什么？怎么样？错在哪？

尽管皮凯蒂的著作有可取之处，但是他仅仅描述了表面现象，而忽视了其所发现变化的真正原因。对于皮凯蒂来说，问题是不平等的收入与财富分配，根源则是因结构性原因高于经济增长率的资本收益，以及太弱的国家（行为）、太小的再分配力度以及政策对经济的太少的干预。

与此相反，我则认为问题是西方世界普遍的过度负债，根源是希望通过债务和越来越廉价的货币来掩盖教育和创新投入不足问题的经济政策。

不断加剧的财富与收入集中是误入歧途的经济政策之后果。如果人们将财富分配本身视为问题，那么逻辑上自然就会要求另一种经济政策。在此，皮凯蒂呼吁更多的国家（行为）则是南辕北辙。他局限于现有的体系，仅仅是宣扬更多的再分配。增长潜力的提高、货币政策的转向以及债务经济的放弃，这些选项都没有出现在皮凯蒂的项目中。

我们得出结论：讲什么？怎么样？错在哪？如图9总结如下：

讲什么？	怎么样？	错在哪？
规律r>g	实证与理论均不成立	税收、转移支付和货币政策对"r"的影响被忽略。更低的经济增长率与人口结构变化将减少未来的资本收益率。
净资产为总资产减去债务	形式上正确的定义	债务的"杠杆效应"被完全忽略。没有负债，则资产价格更低。
高昂的资产价格是问题	高昂的资产价格表明，人类遭遇的战争与自然灾害不多。实际上是一个美丽的场景。	廉价货币与债务对资产价格的影响没有考虑。

讲什么?	怎么样?	错在哪?
收入与财富集中的加剧是问题。	皮凯蒂强调不平等的财富分配导致的政治与社会后果,就此存在争议。不容置疑的是,高收入集中度对宏观经济需求有负面影响。	皮凯蒂在其论证中聚焦于税收与再分配发生之前的数据。他须考虑再分配的影响。根据OECD的数据,没有出现明显的收入集中趋势。
不断加剧的财富集中会出现,因为财富愈多,资本收益愈高,愈少的财富会被消费。	这一假设是可信的,因为财富较多者可进行多样化和风险更高的投资,也可拥有最好的投资专家。	人口结构变化对于遗产规模及其分配的影响没有考虑。
对高收入与资产进行充公式的征税是必要的。	过去的经验表明,会出现规避和逃避情况。	高税费对于通过收入积累财富的负面作用没有提及。目前,中等收入者已苦于重负。
只有一个全球层面的累进财产税方可解决财富分配问题。	理论上正确,但皮凯蒂自己也说,这是一个臆想。	缺乏切实可行的方案来解决其所发现的财富分配问题。
社会国家是1930年代大萧条的最好成果。	不容置疑,社会国家借助教育和转移支付使得广大民众获得了前所未有的财富。	社会国家无法承受的成本却没有被讨论。对养老金和健康保障的隐性负债完全被忽视。

讲什么？	怎么样？	错在哪？
政府债务基金是政府与私人部门之间的分配问题。	从分配影响看没错。	忽视了私人部门负债这一维度。
倾向于在欧洲范围内征收一次性财产税来解决政府债务危机。	事实上，这是解决债务问题最坦诚也最好的方案。其他选项（通货膨胀、欧洲中央银行作为债务偿还基金）的后果无法预见。	忽视了削减私人部门债务的必要性，以及欧洲国家间的分配影响。

图9　讲什么？怎么样？错在哪？

数据的加工处理是皮凯蒂及其团队的贡献。但这本书并没有达到其自己所设定的要求，媒体的鼓吹也名不副实。尤其是，这本著作并没有为其所发现的问题以及我们所处的过度负债处境提供一个令人信服的解释。

政策的论证帮助

其实在皮凯蒂的著作面世之前，就有人建议征收一次性资产税和其他税收以解决债务危机。借助他对"资本"的攻击，皮凯蒂为政策提供了征收资产税的依据：财富太多，且分配太不平均，因此这仅仅成为了一个纯粹的公正问题。与"我们拿走你们的钱，因为否则我们就要破产"的腔调完全不同，政客们可以宣称："我们在实现公正，也可同时解决债务问题。"本质上虽然一样，但政治立场在此就完全不同了。

这一解决方案对政客的吸引力是显而易见的，但同时也有可能导致回避解决真正的问题。因为没有过去数十年误入歧途的经济政策，则（如所展示的）根本不可能出现创纪录的债务、创纪录的财富和不平等分配。

意大利经济学家维尔弗雷多·帕累托（Vilfredo Pareto）早在20世纪初期就已发现，对于一个执政者来说，一个理论是否正确并不重要，重要的是能否加以利用。这一点在皮凯蒂著作的主要影响问题上略见一斑。尽管对其数据以及建立在此之上的理论存在质疑，但是他借助资产税解决债务危机的思路将会影响今后的政策。

这将不会有人说，他没有被告诫过。

人名译名表

Brunhild Stelter	布隆希尔德·施特尔特
Carmen M. Reinhardt	卡门·M·莱因哈特
Charles Ponzi	查尔斯·庞奇
Daniel Stelter	丹尼尔·施特尔特
Danja Hetjens	丹雅·赫倩斯
Gunnar Heinsohn	贡纳尔·海恩宗
Hans-Werner Sinn	汉斯-维纳尔·辛
Henry Simons	亨利·西蒙斯
Honoré de Balzac	奥诺雷·德·巴尔扎克
Hyman Minsky	海曼·明斯基
Irving Fisher	欧文·费雪
Jane Austen	简·奥斯汀
Karl Marx	卡尔·马克思
Kenneth Rogoff	肯尼斯·罗格夫
Knut Wicksell	克努特·维克塞尔
Lawrence Summers	劳伦斯·萨默斯
Liliane Bettencourt	莉莉安·贝当古

Margaret Thatcher	玛格丽特·撒切尔
Martin Wolf	马丁·沃尔夫
Olivier Blanchard	奥利维尔·布兰查德
Paul Krugmann	保罗·克鲁格曼
Peter Bernholz	彼得·本恩霍尔兹
Robert J. Gordon	罗伯特·J·戈登
Ronald Reagan	罗纳德·里根
Thomas Piketty	托马斯·皮凯蒂
Vilfredo Pareto	维尔弗雷多·帕累托
Warren Buffett	沃伦·巴菲特
Willian White	威廉·怀特

专有名词译名表

Abgeltungssteuer	补偿税
Auslandsvermoegen	境外资产
Breitenbildung	普罗教育
Bruttoinlandsprodukt	国内生产总值
Bruttowert	资产总值
Buchwert	账面价值
Bundesbank	（德国）联邦银行
Business Week	《商业周刊》
Bank fuer International Zahlungsausgleich (BIZ)	国际清算银行
Economist	《经济学家》
Eigenkapitalrendite	自有资金利润率
Einkommenssteuer	所得税
Finanzvermoegen	金融资产
Frankfurter Allgemeine Zeitung	《法兰克福汇报》
Fremdkapital	债务资本
Geldpolitik	货币政策
Gesamtkapitalrendite	总资本收益率
Gewinn-Multiples	盈利倍数
Glaeubiger	债权人

Grosse Depression	大萧条
Handelsblatt	《商报》
Hebeleffekt	杠杆效应
Hedgefonds	对冲基金
Hyperinflation	恶性通胀
Internationaler Waehrungsfonds	国际货币基金组织
Kapital	资本
Kapitalrendite	资本收益率
Kurs-Gewinn-Verh?ltnis	市盈率
Marktwert	市值
Mehrwert	剩余价值
Nettostaatsvermoegen	政府净资产
Nettovermoegenswert	资产净值
Paris School of Economics	巴黎经济学院
Private-Equity-Branche	私募股权行业
Produktionsgueter	生产资料
Ramschanleihen	垃圾债券
Risikoaufschlag	风险溢价
Roma quadrata	罗马广场（史）
Sachvermoegen	实物资本
Sachverstaendigenrat	（德国联邦政府）经济五贤人会

Schulden	债务
Sozialismus	社会主义
Sozialstaat	社会国家
Umsatzmultiples	销售倍数
Vermoegen	资产、财产、财富
Vermoegenseffekt	财富效应
Vermoegens-/Einkommensquote	财富收入比
Vermoegenskonzentration	财富集中
Volksvermoegen	国民资产（财产、财富）
Volkswirtschaft	国民经济
Vollgeldsystem	全额货币制度
Wirtschaftsleistung	经济产出
Wirtschaftssystem	经济制度